D1749521

Agile Markenführung

Lizenz zum Wissen.

Sichern Sie sich umfassendes Wirtschaftswissen mit Sofortzugriff auf tausende Fachbücher und Fachzeitschriften aus den Bereichen: Management, Finance & Controlling, Business IT, Marketing, Public Relations, Vertrieb und Banking.

Exklusiv für Leser von Springer-Fachbüchern: Testen Sie Springer für Professionals 30 Tage unverbindlich. Nutzen Sie dazu im Bestellverlauf Ihren persönlichen Aktionscode **C0005407** auf www.springerprofessional.de/buchkunden/

Jetzt 30 Tage testen!

Springer für Professionals.
Digitale Fachbibliothek. Themen-Scout. Knowledge-Manager.

- Zugriff auf tausende von Fachbüchern und Fachzeitschriften
- Selektion, Komprimierung und Verknüpfung relevanter Themen durch Fachredaktionen
- Tools zur persönlichen Wissensorganisation und Vernetzung

www.entschieden-intelligenter.de

Springer für Professionals Springer

Annette Bruce · Christoph Jeromin

Agile Markenführung

Wie Sie Ihre Marke stark machen
für dynamische Märkte

Springer Gabler

Annette Bruce
Christoph Jeromin

Creative Advantage GmbH
Hamburg
Deutschland

ISBN 978-3-658-11808-2   ISBN 978-3-658-11809-9 (eBook)
DOI 10.1007/978-3-658-11809-9

Die Deutsche Nationalbibliothek verzeichnet diese Publikation in der Deutschen Nationalbibliografie; detaillierte bibliografische Daten sind im Internet über http://dnb.d-nb.de abrufbar.

Springer Gabler
© Springer Fachmedien Wiesbaden 2016
Das Werk einschließlich aller seiner Teile ist urheberrechtlich geschützt. Jede Verwertung, die nicht ausdrücklich vom Urheberrechtsgesetz zugelassen ist, bedarf der vorherigen Zustimmung des Verlags. Das gilt insbesondere für Vervielfältigungen, Bearbeitungen, Übersetzungen, Mikroverfilmungen und die Einspeicherung und Verarbeitung in elektronischen Systemen.
Die Wiedergabe von Gebrauchsnamen, Handelsnamen, Warenbezeichnungen usw. in diesem Werk berechtigt auch ohne besondere Kennzeichnung nicht zu der Annahme, dass solche Namen im Sinne der Warenzeichen- und Markenschutz-Gesetzgebung als frei zu betrachten wären und daher von jedermann benutzt werden dürften.
Der Verlag, die Autoren und die Herausgeber gehen davon aus, dass die Angaben und Informationen in diesem Werk zum Zeitpunkt der Veröffentlichung vollständig und korrekt sind. Weder der Verlag noch die Autoren oder die Herausgeber übernehmen, ausdrücklich oder implizit, Gewähr für den Inhalt des Werkes, etwaige Fehler oder Äußerungen.

Lektorat: Rolf-Günther Hobbeling

Gedruckt auf säurefreiem und chlorfrei gebleichtem Papier

Springer Fachmedien Wiesbaden ist Teil der Fachverlagsgruppe Springer Science+Business Media
(www.springer.com)

Vorwort

Dieses Buch zeigt, wie eine agile Markenführung in dynamischen Märkten gelingen kann. Der Ansatz verbindet die klassische Stabilitäts- und Kontinuitätsfunktion der Markenführung mit einer beschleunigten Entscheidungsfindung und der Möglichkeit, die Markenstrategie effektiv und rechtzeitig neuen Marktsituationen anzupassen. Mit den Prinzipien der agilen Markenführung wollen wir einen Beitrag dazu leisten, das Marketing auf die Marktrealitäten von heute und morgen auszurichten.

Die Veränderungen der Wirtschaftswelt gerade in den letzten Jahren waren vielfältig, fundamental und schnell, während die Instrumente und Konzepte der Markenführung – u. a. Positionierung, Differenzierung und Markenidentität – weitestgehend seit Jahrzehnten in unveränderter Form angewendet werden. Vielleicht ist auch diese Kluft zwischen der Marktrealität und den verwendeten Management-Werkzeugen ein Aspekt, der zum Bedeutungsverlust der Marketingstrategie innerhalb von Unternehmen geführt hat. Vielfach schlug uns in der Beratungspraxis der Tenor entgegen, die Formulierung einer langfristigen Marketingstrategie würde sich angesichts der Schnelllebigkeit der Märkte nicht mehr lohnen. Wir sind der Meinung, dass man gerade deswegen nicht auf eine fundierte Strategie verzichten kann.

Dieses Buch richtet sich in erster Linie an Marketing-Praktiker – Marken-Verantwortliche in Unternehmen, Markenstrategen in Agenturen und Beratungen sowie an die wissenschaftliche Marketing-Gemeinschaft. Wir wollen mit der agilen Markenführung sowohl Denkanstöße und Inspiration als auch praktische Empfehlungen für die Markenarbeit geben. Außerdem haben wir die Hoffnung, auch Nicht-Marketer mit den Prinzipien der agilen Markenführung anzusprechen. Denn wir sind davon überzeugt, dass Markenarbeit und Markenbewusstsein in allen Funktionen und Hierarchien unverzichtbar sind.

Wir freuen uns über Anregungen, Meinungen und Diskussionen zur agilen Markenführung. Sie erreichen uns über annette.bruce@creative-advantage.de und christoph.jeromin@creative-advantage.de. Zusätzliche Inhalte finden Sie auf der Website zum Buch unter www.agile-markenfuehrung.de.

Bedanken möchten wir uns bei Constanze Rehn für die Mitarbeit bei der Erstellung des Manuskriptes. Auf Verlagsseite geht unser Dank an Rolf-Günther Hobbeling und sein Team für die kompetente und humorvolle Unterstützung im Entwicklungsprozess dieses Buches sowie an Anja Schüür-Langkau, die mit ihrer Initiative den Startschuss für das Buch gegeben hat.

Wir wünschen allen Lesern eine kurzweilige, interessante und nützliche Lektüre!

Hamburg, im November 2015　　　　　　　　　　　　　Dr. Annette Bruce
　　　　　　　　　　　　　　　　　　　　　　　　　　Christoph Jeromin

Inhaltsverzeichnis

1 Einleitung 1

2 Die Marke als Wertschöpfungsfaktor 5
   2.1 Begriff und Bedeutung der Marke 5
   2.2 Aufgaben und Instrumente der Markenführung 7
      2.2.1 Entwicklung Markenstrategie 8
      2.2.2 Marketing-Mix-Strategie und ihre Umsetzung 16
      2.2.3 Marketing-Kontrolle 17
   Literatur 18

3 Neue Herausforderungen für die Markenführung 21
   3.1 Dimension „Kunde" 21
      3.1.1 „Multioptionalität 2.0" 21
      3.1.2 Demokratisierung der Marke 25
   3.2 Dimension „Wettbewerb" 30
      3.2.1 Ausdifferenzierte Handelsmarken und das Value-for-Money-Segment 32
      3.2.2 Disruption trifft Digitalisierung 34
      3.2.3 Social Commerce und die Share Economy 36
   3.3 Dimension „Marketingmittler" 39
      3.3.1 Komplexe Medienlandschaft 39
      3.3.2 Verschmelzung der Vertriebskanäle 41
   3.4 Vernetzte Märkte als die Gesamtherausforderung für Marken ... 43
   Literatur 45

4	**Konsequenzen für die Markenführung**	49
4.1	Warum die Markenführung weiterentwickelt werden muss	49
	4.1.1 Hohe Komplexität	52
	4.1.2 Geringe Handlungsorientierung	54
	4.1.3 Keine Anpassungsfähigkeit	55
4.2	Bestehende Ansätze zur Weiterentwicklung der Markenführung	57
	Literatur	60
5	**Agile Markenführung**	61
5.1	Unser Verständnis von „Agilität"	61
5.2	Erfolgsfaktoren der agilen Markenführung	64
	5.2.1 Wie Sie Marktintelligenz entwickeln	67
	5.2.2 Wie Sie Komplexität in der Markenstrategie reduzieren	84
	5.2.3 Wie Sie Ihre Markenstrategie operationalisieren	94
	5.2.4 Wie Sie Ihre Marke anpassungsfähig machen	102
5.3	Ein Blick zurück und was Sie noch zur agilen Markenführung wissen sollten	115
	Literatur	121
Sachverzeichnis		123

Abkürzungsverzeichnis

B2B	Business-to-Business
B2C	Business-to-Consumer
BMC	Brand-Market Connector
NPS	Net Promoter Score
ROMI	Return on Marketing Investment
USP	Unique Selling Proposition
VFM	Value-for-Money

Abbildungsverzeichnis

Abb. 2.1	Die bedürfnisorientierte Segmentierung des Margarine-Marktes	10
Abb. 2.2	Der „Unilever Brand Key"	14
Abb. 3.1	Die Entwicklungsstufen des Kundenverhaltens	23
Abb. 3.2	Das Hyundai Modell i20	26
Abb. 3.3	Ein typisches Normcore-Outfit	30
Abb. 3.4	Produkte aus dem REWE Handelsmarken-Portfolio	33
Abb. 3.5	Beispiel für die Produktauswahl im Spreadshirt Online-Shop	38
Abb. 3.6	Neue Herausforderungen für die Markenführung im Überblick	43
Abb. 4.1	Bedeutung der Markenpositionierung für Teilbereiche des Marketings	56
Abb. 5.1	Themenfelder der Marktintelligenz	67
Abb. 5.2	Inneneinrichtung Hans im Glück Burgergrill	76
Abb. 5.3	Der Brand-Market Connector	86
Abb. 5.4	Der Brand-Market Connector am Beispiel BMW	91
Abb. 5.5	Der Brand-Market Connector am Beispiel GoPro	92
Abb. 5.6	Am Positionierungsprozess beteiligte Unternehmensbereiche	95
Abb. 5.7	Sortiment True Fruits Smoothies	99
Abb. 5.8	Netflix Programmauswahl	115
Abb. 5.9	Die Erfolgsfaktoren der agilen Markenführung im Überblick	116

Tabellenverzeichnis

Tab. 5.1 Ansatzpunkte zur Formulierung von Forschungshypothesen im Marktintelligenz-Prozess 70
Tab. 5.2 Mögliche Kriterien als Grundlage von Feedback-Prozessen in der agilen Markenführung 107

Einleitung 1

> **Zusammenfassung**
>
> Seit Jahrzehnten ist Kontinuität das Mantra, das heilige Wort der Markenführung. Die digitale Welt und eine Reihe von weiteren Entwicklungen zwingen Unternehmen jedoch dazu, die reine Stabilitäts- und Kontinuitätsfunktion der Markenführung um Freiräume für Agilität und Anpassungsfähigkeit zu erweitern. Mit diesem Buch zeigen wir, wie eine agile Markenführung in dynamischen Märkten gelingen kann und welche Instrumente und Methoden dazu eingesetzt werden können.

Das aus dem Alt-Indischen stammende Wort „Mantra" bezeichnet ein heiliges Wort oder Vers. Durch seine regelmäßige Wiederholung, gesprochen oder geschrieben, hofft der Gläubige auf die Erlangung spiritueller Kraft. Vielen erfolgreichen Unternehmen sind heute auch ihre Marken gewissermaßen heilig. Was steckt aber hinter dem Erfolg starker Marken, die sowohl Kunden begeistern als auch den Unternehmen enorme Profite bescheren? Diese Frage wird in Praxis und Wissenschaft seit den Ursprüngen der Disziplin mit dem Mantra der Markenführung beantwortet: Kontinuität. Wir sind davon überzeugt, dass dieses Mantra zwar nach wie vor von großer Wichtigkeit ist, es aber durch einen zweiten Aspekt ergänzt werden muss. Die digitale Welt zwingt Unternehmen dazu, die reine Stabilitäts- und Kontinuitätsfunktion der Markenführung um Freiräume für Anpassungsfähigkeit und Handlungsschnelligkeit zu erweitern. Mit der **agilen Markenführung** stellen wir ein Konzept vor, das einen Lösungsansatz zum Umgang mit dem **Spannungsfeld zwischen Kontinuität und Dynamik** aufzeigt. Werfen wir zunächst einen kurzen Blick zurück, um zu zeigen, welche Entwicklungen zu diesem Paradigmenwechsel geführt haben.

© Springer Fachmedien Wiesbaden 2016
A. Bruce, C. Jeromin, *Agile Markenführung*, DOI 10.1007/978-3-658-11809-9_1

Das Konstrukt „Marke" war schon immer etwas Abstraktes. Die klassischen Modelle und Instrumente der Markenführung hatten einen sehr verständlichen und wirksamen Lösungsansatz, um das Phänomen „Marke" greifbar zu machen. Die Marke wurde vermenschlicht, sie bekam Persönlichkeit, Werte, eine Identität. Diese stabile Identität war die Basis für eine auf Kontinuität fokussierte Markenführung. War die Markenidentität definiert, konnte man sich daran machen, diese positiv in der Wahrnehmung der Kunden zu verankern.

Auf der vermenschlichten Ebene lässt sich auch gut beschreiben, wie vorgegangen wurde, um eine Marke langfristig erfolgreich am Markt zu positionieren. An der Marke wurde im Hinterzimmer getüftelt, sie wurde fein gemacht für die Welt da draußen. Dies dauerte so lange, bis das vermeintliche Optimum erreicht war. Dann wurde die Tür geöffnet und die Marke betrat die Bühne des Marktes. Idealerweise gefiel den Kunden, was sie sahen und sie kauften. Kaufte nach einem mehr oder weniger langen Zeitraum niemand mehr oder zumindest nicht mehr genügend Menschen, ging es für die Marke zurück ins Hinterzimmer. Dort wurde sie entweder für einen neuen Anlauf ‚umgestylt' oder sie kam nie wieder aus dem Hinterzimmer heraus.

Die Markenlandschaft von heute
Erfolgreiche Marken können sehr unterschiedliche Werdegänge haben. Da gibt es zahlreiche Beispiele, die den Erfolg des Kontinuitäts-Mantras zeigen. Marken wie Coca-Cola, Nike oder BMW haben auf sehr unterschiedlichen Märkten Erfolg mit einer kontinuierlichen Markenführung. Genauso existiert aber auch die dunkle Seite der Kontinuität: Kodak ist hier das klassische Beispiel. Die Marke beherrschte ihren Markt, verpasste aber trotz bester Voraussetzungen den Wandel, als die Digitalfotografie die Kundenbedürfnisse revolutionierte. Ähnlich schlecht bekam Nokia und Blackberry ihre Kontinuität angesichts des Smartphone-Booms in den vergangenen Jahren. Nun sind die ehemaligen Marktführer ein Schatten ihrer selbst und andere Marken haben das Rennen gemacht, wie Apple oder Samsung.

Kommen wir wieder auf die Gewinnerseite. Auf dieser finden sich einige Marken, die scheinbar weniger Wert auf Kontinuität legen und trotzdem überaus erfolgreich sind: Google und Facebook haben außer ihrem enormen Wachstumstempo gemeinsam, dass sie neben ihren Kernleistungen immer wieder neue Angebote entwickeln und auf den Markt werfen. Kommt ein Angebot beim Nutzer an, bleibt es im Portfolio. Erreicht es nicht die gesetzten Ziele, haben die Unternehmen kein Problem damit, es schnell wieder vom Markt zu nehmen. Dieses Vorgehen ist keine Markenführung aus dem Lehrbuch, hat den Marken aber bisher nicht wesentlich geschadet. Darüber hinaus ist es bemerkenswert, dass Google und Facebook ihre Kernleistungen für den Endnutzer kostenlos anbieten. Das will gar nicht zur klassischen Funktion einer starken Marke passen, durch einen wahrgenommenen Zusatznutzen beim Kunden im Vergleich zu konkurrierenden (unmarkierten) Angeboten ein Preis-Premium zu erzielen. Es geht sogar noch diskontinuierlicher: Eine Marke wie z. B. Netflix hat innerhalb ihres vergleichsweise kurzen Bestehens schon mehrmals ihr Kernangebot stark anpasst bzw. sogar ganz verlassen. Gestartet als Versender physischer Datenträger für Filme über das Internet, hat sich das Unternehmen zu einem führenden Streaming-Anbieter gewandelt, der darüber hinaus auch eigene Inhalte wie die Erfolgsserie „House of Cards" produziert.

Eine neue, erweiterte Art der Markenführung
Erfolgs- und Misserfolgsgeschichten wie diese sind für uns das Indiz, dass sich über Jahrzehnte bewährte Techniken und Prinzipien der Markenführung und -positionierung deutlich weiterentwickeln müssen. Das Marketing ist durch die Veränderungen auf technologischer, kommunikativer und gesellschaftlicher Ebene besonders stark betroffen. Ein zunehmend ausdifferenziertes und wechselhaftes Kundenverhalten, verschärfter Wettbewerb, eine komplexe Medien- und Vertriebslandschaft: In einem solch dynamischen Umfeld, das von zahlreichen Beziehungen und Abhängigkeiten gekennzeichnet ist, halten wir den ‚Hinterzimmer-Ansatz', der mit einem solchen Markenverständnis einhergeht, nicht mehr für effektiv genug. Marken müssen sich heute auf Märkten bewegen, die wie ein fein gesponnenes Netzwerk aufgebaut sind. Marken können sich deshalb nicht mehr aus dem Elfenbeinturm der Markenführung hinunter auf den Markt begeben, sie müssen **ein aktiver Akteur mit Netzwerk-Kompetenz** werden. Natürlich braucht jede erfolgreiche Marke nach wie vor etwas, was für den Kunden klar und langfristig Attraktivität und Identifikationspotenzial bietet. Aber die Marke definiert sich auch zu großen Teilen über die Verbindungen zur eigenen Leistungsfähigkeit, den Umsetzungsaktivitäten des Unternehmens sowie über ihre Rolle und Position im Wettbewerb.

Unter **„Agilität"** verstehen wir nicht Aktionismus, Nervosität oder Hektik, sondern eine angemessene, zielgerichtete und schnelle Reaktion auf sich verändernde Marktsituationen. Das **Ziel der agilen Markenführung** ist das Erreichen eines angemessenen Gleichgewichts aus Planen und Handeln sowie aus Stabilität und Veränderung.

Zum Aufbau des Buches
Im anschließenden Kap. 2 werden zunächst einige grundlegende Begriffe und Themen geklärt: die Bedeutung des Konzeptes „Marke" für Unternehmen sowie die Aufgaben und Instrumente der Markenführung. In Kap. 3 werden zentrale Ent-

wicklungen und Herausforderungen für das Marketing aufgezeigt, die als Auslöser für den Weiterentwicklungsbedarf hin zur agilen Markenführung zu sehen sind. Analysiert wird dabei der Wandel in den Bereichen des Kundenverhaltens, der Wettbewerbsstruktur und der Marketingmittler. Auf Basis der dargelegten Herausforderungen werden in Kap. 4 die Konsequenzen für die Weiterentwicklung der Markenführungspraxis abgeleitet und erläutert. Kapitel 5 ist der zentrale Abschnitt des Buches. Zu Beginn stellen wir unser Verständnis von Agilität in der Markenführung im Detail vor. Im Anschluss werden ausführlich die Erfolgsfaktoren der agilen Markenführung erläutert, die Marken-Entscheider dabei unterstützen, den geforderten Paradigmenwechsel zu meistern. Jeder der Erfolgsfaktoren wird mit einer ausführlichen Handlungsempfehlung verbunden, die der Leser für seine Berufs- und Management-Praxis nutzen kann. Den Abschluss des Kapitels und des Buches bildet eine Zusammenfassung der Erfolgsfaktoren der agilen Markenführung, die mit einigen wichtigen Hinweisen zur Anwendung der Prinzipien verbunden ist.

Zur Veranschaulichung der Inhalte werden speziell gekennzeichnete Praxisbeispiele eingesetzt, die separat als Ergänzung zum Haupttext herangezogen werden können. Besonders wichtige inhaltliche Punkte sind außerdem in jedem Abschnitt speziell hervorgehoben und ermöglichen eine schnelle Rekapitulation jedes Kapitels.

Die Marke als Wertschöpfungsfaktor 2

> **Zusammenfassung**
>
> Das Kapitel stellt zunächst die Entwicklung des Markenbegriffs und seiner Bedeutung von der reinen Markierungsfunktion zu einem wichtigen Wertschöpfungsfaktor für Unternehmen vor. Wesentlich dabei ist das Konzept von „Brand Equity", das die Effekte im Kundenverhalten umfasst, die eindeutig der Marke zugeschrieben werden können. Anschließend werden die Aufgaben und Instrumente der Markenführung dargelegt. Neben den Aufgabenfeldern Marketing-Kontrolle und Umsetzung des Marketing-Mix liegt ein Schwerpunkt auf dem Instrument der Markenpositionierung, dem zentralen Instrument der Markenstrategie.

2.1 Begriff und Bedeutung der Marke

Marken werden heute ungeheure Werte zugeschrieben. Der monetäre Wert von Apple, der wertvollsten Marke der Welt, beträgt je nach Berechnungsmethodik zwischen 170 und knapp 250 Mrd. US-Dollar. Die wertvollsten deutschen Marken wie Mercedes-Benz, BMW oder SAP werden auf Werte zwischen 20 und 40 Mrd. US-Dollar geschätzt (Interbrand 2015; Millward Brown 2015).

Bis Marken mit solch großen finanziellen Werten in Verbindung gebracht wurden, hatte das Verständnis des Begriffs „Marke" eine lange Entwicklung hinter sich. In seinen Ursprüngen diente die Markierung von Waren dazu, den Hersteller bzw. Eigentümer zweifelsfrei zu identifizieren. Für den Käufer der markierten Ware war somit auch klar, von wem er kauft. Man erhielt als Kunde Orientierung und konnte die Marke als Qualitätsindikator nutzen. Auch viele aktuelle Definitionen des Begriffes Marke konzentrieren sich auf den Markierungsaspekt. Eine Marke differenziert sich demnach durch ihren Namen, ihr Logo, ihr Design oder eine Kombination davon von anderen Angeboten des Wettbewerbs. Diese Begriffsauslegung stellt zwar ein grundlegendes und unverzichtbares Markenmerkmal dar, greift allerdings zu kurz. Nur die Markierung eines Mobiltelefons mit einem Apfel-Logo kann keinen Wert von 250 Mrd. US-Dollar schaffen (Keller 2013, S. 30; Gaiser 2011, S. 6 f.).

Über die bloße Markierung hinaus verbinden Kunden in ihrer Wahrnehmung bestimmte Eigenschaften und Assoziationen mit Marken. So wird Apple von vielen Käufern und Marken-Fans mit attraktivem Design, technischen Innovationen, hoher Benutzerfreundlichkeit der Geräte und einem Image von Kreativität verbunden. Um diese Reaktion von Menschen auf das Angebot und die Marketingaktivitäten einer Marke zu erfassen, wurde das Konzept des „**Brand Equity**" eingeführt. Da die deutsche Übersetzung „Markenwert" aus unserer Sicht zu sehr monetäre Aspekte impliziert, verwenden wir im Folgenden den englischen Ausdruck. Denn Brand Equity schließt heute bei sehr vielen Marken zum größten Teil immaterielle Werte ein: Marken können für den Nutzer die Zugehörigkeit zu einer bestimmten Gruppe oder Gemeinschaft signalisieren, Identifikationspotenzial bieten, Status symbolisieren oder das eigene Selbstbild erweitern. Mit diesen immateriellen Werten, die über grundlegende Aspekte wie die Qualität oder den Preis hinausgehen, erschließt sich für Marken ein breites Feld zur Differenzierung im Wettbewerb. Diese wahrgenommenen Zusatznutzen ermöglichen auch die Realisierung von Preis-Aufschlägen gegenüber Konkurrenzmarken, wie sich z. B. an Apple-Produkten wie dem iPhone zeigt.

Über die genaue Definition von „Brand Equity" herrscht allerdings in Literatur und Praxis keine Einigkeit. Weitgehend akzeptiert ist zumindest die Aussage, dass Brand Equity die Effekte im Kundenverhalten beschreibt, die eindeutig und allein der Marke zugeordnet werden können. Starke Marken haben demnach einen hohen, positiven Brand Equity und steigern so die Präferenz von Kunden für die Marke und ihre Loyalität (Keller 2013, S. 57; Kotler und Armstrong 2013, S. 266 f.; Gaiser 2011, S. 7 f.; Kapferer 2012, S. 7 ff.).

▶ Marken stiften sowohl Anbietern als auch Kunden materiellen und immateriellen Nutzen und sind so zu einem wichtigen unternehmerischen Wertschöpfungsfaktor geworden.

Zusammenfassend gilt: Der Wert und die Bedeutung einer Marke entstehen aus der Beziehung zwischen Anbieter und Kunden. Das grundlegende Merkmal der Markierung gibt dem Kunden Orientierung und signalisiert Ursprung bzw. Besitz aufseiten des Anbieters (und ermöglicht den heute immer wichtiger werdenden Schutz von Markenrechten). Darüber hinaus besitzen starke Marken einen immateriellen Zusatznutzen, der in der Wahrnehmung des Kunden als Resultat aller Marketingaktivitäten der Marke entsteht. Dieser Prozess der Markenbildung verschafft dem Markenanbieter die Möglichkeit, sich von konkurrierenden Angeboten zu differenzieren und den Wert des eigenen Angebots zu erhöhen. So wird die Marke zu einem wichtigen unternehmerischen Wertschöpfungsfaktor. Dieses Markenverständnis beschränkt sich heute nicht mehr nur auf Konsumgüter- bzw. B2C-Märkte, in denen das Konstrukt Marke wesentlich entwickelt wurde. Genauso prominent ist es auf B2B-Märkten, für Dienstleistungen, den Handel, digitale Produkte und Leistungen, Sportvereine, Events sowie Persönlichkeiten und nichtkommerzielle Organisationen.

2.2 Aufgaben und Instrumente der Markenführung

Der Aufbau einer starken Marke mit hohem Brand Equity ist eine langfristige Herausforderung. Fast noch anspruchsvoller ist das kontinuierliche Halten einer starken Marktposition. Diese beiden Felder sind die **Hauptaufgaben der Markenführung**. Vor dem Einstieg in die weiteren Ausführungen wollen wir den Begriff „Markenführung" näher klären. Denn er ist in der Literatur kaum explizit definiert oder von anderen verwandten Begriffen abgegrenzt.

▶ **Markenführung** Im Rahmen dieses Buches schließen wir uns dem Verständnis an, dass Markenführung alle Planungs-, Durchführungs- und Kontrollaufgaben im Zusammenhang mit einer Marke umfasst sowie die Menschen, die diese Aufgaben innerhalb eines Unternehmens bzw. einer Organisation übernehmen (Gaiser 2011, S. 9). Markenführung schließt somit sowohl strategische als auch operative Aufgaben ein.

Diese Definition umfasst eine große Anzahl an Entscheidungsbereichen. Um mehr Übersicht in all diese Aspekte zu bringen, lassen sich die Entscheidungsbereiche der Markenführung wie folgt untergliedern (Gaiser 2011, S. 9 ff.; Kotler und Armstrong 2013, S. 72 ff.):

1. Entwicklung Markenstrategie: Marktsegmentierung, Zielgruppenauswahl und Markenpositionierung
2. Entwicklung Marketing-Mix-Strategie und ihre Umsetzung
3. Marketing-Kontrolle

Das Konzept der agilen Markenführung hat Anknüpfungspunkte zu allen drei Punkten. Daher beschäftigen wir uns in den nächsten Abschnitten detaillierter mit diesen Themen. Der Schwerpunkt liegt dabei auf dem Bereich der Markenstrategie und der Markenpositionierung, da diesem in der agilen Markenführung die zentrale Rolle zukommt.

2.2.1 Entwicklung Markenstrategie

Marktsegmentierung und Zielgruppenauswahl
Grundlage jeder Markenstrategie ist ein genaues Bild über den Ziel-Kunden. Für eine zielgerichtete und effiziente Ansprache potenzieller Kunden sollten Unternehmen festlegen, welche Personen sie mit ihren Marken als Kunden gewinnen wollen und wie man diese am besten erreicht. Dazu wird der Gesamtmarkt mithilfe einer Kundensegmentierung in verschiedene Käufergruppen unterteilt. Dieses Vorgehen basiert auf der Annahme des Vorliegens unterschiedlicher Bedürfnisse von Kunden innerhalb eines Gesamtmarktes, die als unstrittig anzusehen ist. Auf den entwickelten Märkten von heute muss eine Marke die Bedürfnisse und Wünsche ihrer potenziellen Kunden kennen, um ein relevantes und attraktives Angebot zu schaffen, das am Markt erfolgreich ist (Wedel und Kamakura 2000, S. 3 f.).

Die mithilfe einer Segmentierung identifizierten Käufergruppen sollten voneinander möglichst klar unterscheidbar sein, während sich die Personen innerhalb jeder Gruppe möglichst ähnlich sein sollten. Im Ergebnis sollten die Personen innerhalb der Segmente auch möglichst einheitlich auf die Aktivitäten eines Unternehmens im Marketing-Mix reagieren. Um eine **Marktsegmentierung** vorzunehmen, können eine Reihe von Kriterien genutzt werden, u. a.:

- Demografische Kriterien: Alter, Geschlecht, Einkommen, Familienstand
- Geografische Kriterien: lokal, regional, national, international
- Verhaltensweisen im Zusammenhang mit dem Produkt bzw. der Marke: Nutzungssituation des Produktes, Grad der Markenloyalität, Verwendungsrate, Kundenstatus
- Psychografische Kriterien: Werte, Bedürfnisse, Einstellungen, Lebensstil

Die Wahl des oder der Segmentierungskriterien ist je nach Markt und Marke eine individuelle Entscheidung. Besonders häufig werden allerdings verhaltensorientierte oder psychografische Kriterien genutzt, da diese eindeutigere und besser profilierte Segmente ermöglichen. Unter „verhaltensorientierte Kriterien" lassen sich auch all jene Daten fassen, die von Nutzern durch die Interaktion mit Webseiten und anderen Online-Plattformen entstehen. Die Analyse solcher Daten ist umfangreich und anspruchsvoll, kann aber sehr differenzierte und exakte Segmente zum Ergebnis haben. Risikoreich ist vor allem der Einsatz rein demografischer Kriterien zur Kundensegmentierung, da z. B. Menschen in einer bestimmten Altersspanne sehr unterschiedliche Lebensstile pflegen können. Die Kunden einer Marke in so einem Fall nur über demografische Eigenschaften zu profilieren, würde den Erfolg der darauf aufbauenden Markenstrategie deutlich schmälern (Wedel und Kamakura 2000, S. 7 ff.; Kotler und Armstrong 2013, S. 73; Keller 2013, S. 79 f.).

2.2 Aufgaben und Instrumente der Markenführung

In Abhängigkeit der Attraktivität der Marktsegmente und der dem Unternehmen zur Verfügung stehenden Ressourcen kann die Entscheidung getroffen werden, welche Zielgruppen bedient werden sollen. Die **Auswahl des Segmentes** und somit der Zielgruppe kann sich an den folgenden Kriterien orientieren (Wedel und Kamakura 2000, S. 4 f.):

- *Identifizierbarkeit:* Kann das Segment leicht identifiziert werden und ergibt sich daraus ein genau umrissenes und nachvollziehbares Profil des potenziellen Kunden?
- *Größe:* Ist das Segmentvolumen groß genug, um die angestrebten Absatz- und Profitabilitätsziele erreichen zu können?
- *Zugänglichkeit:* Bestehen Vertriebs- und Absatzkanäle, um die Kunden zu erreichen? Gibt es Kommunikationsmedien, um die Kunden gezielt ansprechen zu können?
- *Ansprechbarkeit:* Wie wahrscheinlich ist es, dass die Kunden in der Zielgruppe positiv im Sinne der Marke auf das Angebot reagieren, insbesondere was Präferenz gegenüber dem Wettbewerb und die Zahlungsbereitschaft angeht? Reagieren die Zielkunden im Segment auf einzigartige Weise (gegenüber anderen Segmenten) auf die Vermarktungsaktivitäten?
- *Stabilität:* Ist das Kundenverhalten über einen ausreichend langen Zeitraum stabil, damit die Vermarktungsaktivitäten Wirkung entfalten können?
- *Handlungsfähigkeit:* Ergeben sich aus dem Profil des Segmentes Anknüpfungspunkte für die Markenstrategie und den Marketing-Mix, die mit den Zielen und den Kern-Kompetenzen der Marke kompatibel sind?

▶ Die Auswahl und Profilierung der Zielgruppe anhand ihrer Bedürfnisse sind die unverzichtbaren Grundlagen der Markenführung.

Die methodischen Optionen zur Datenerhebung und tatsächlichen Ableitung von Kundengruppen im Rahmen einer Marktsegmentierung sind sehr zahlreich, seien sie qualitativ, quantitativ oder in Form eines kombinierten Ansatzes. Aufgrund der Breite und Tiefe des Themas gehen wir an dieser Stelle nicht näher darauf ein.

Die gefällten Entscheidungen zur **Zielgruppe** haben auch einen großen Einfluss auf das Markenportfolio eines Unternehmens. Eine Option ist die Nischenstrategie mit der Ansprache nur eines bestimmten Segmentes mit einer einzelnen Marke. Typische Beispiele dafür sind Luxusmarken wie Sportwagen von Ferrari oder exklusive Uhren von Marken wie Rolex. Große Unternehmen können versuchen, viele Segmente oder den gesamten Markt anzusprechen. Dies kann wiederum mit der Einführung verschiedener Marken pro Segment erfolgen oder mittels eines breiten Produktangebotes unter einer Dachmarke. Automarken wie VW oder Toyota sind

Beispiele für letztere Strategie. Der Konsumgüterkonzern **Unilever** ist Marktführer für Margarine und wendet eine sehr differenzierte Mehrmarken-Strategie an, die das Fallbeispiel „Die bedürfnisorientierte Segmentierung des Margarine-Marktes" im Detail darstellt. (Kotler und Armstrong 2013, S. 73 ff.; Keller 2013, S. 81).

> **Fallbeispiel: Die bedürfnisorientierte Segmentierung des Margarine-Marktes**
>
> Das von Unilever entwickelte Modell einer bedürfnisorientierten Marktsegmentierung (s. Abb. 2.1) definiert den relevanten Markt über die Bedürfnisdimensionen „Sorgen für andere" und „Eigene Belohnung" auf der einen Seite sowie „Geschmack/Genuss" und „Gesundheit/Kontrolle" auf der anderen Seite.
>
> Daraus ergeben sich die vier Positionierungsoptionen *Familienmarke* („Sorgen für andere" und „Geschmack/Genuss"), *Fürsorge* („Sorgen für andere" und „Gesundheit/Kontrolle"), *Disziplin* („Gesundheit/Kontrolle" und „Eigene Belohnung") und *Genussmarken* („Genuss/Geschmack" und „Eigene

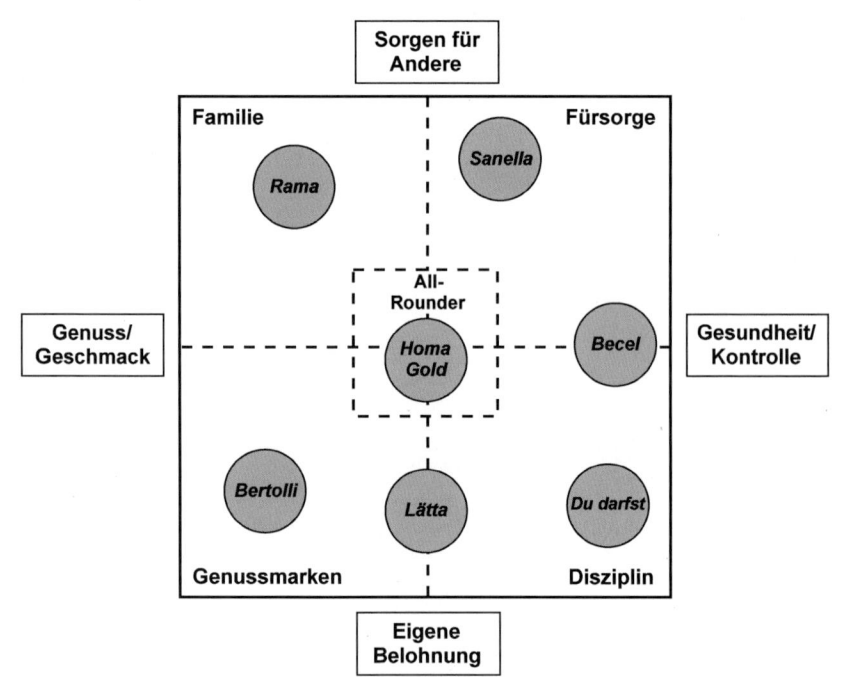

Abb. 2.1 Die bedürfnisorientierte Segmentierung des Margarine-Marktes

2.2 Aufgaben und Instrumente der Markenführung

Belohnung"). Im Kreuzungspunkt der Achsen findet sich zusätzlich das Segment *Allrounder*, in dem Marken verortet werden können, die auf keine der Bedürfnisdimensionen gezielt ausgerichtet werden, sondern sich dadurch auszeichnen, dass sie im Sinne des klassischen Alleskönners alle relevanten Bedürfnisse eines Marktes ausreichend bedienen, um eine – allerdings wenig profilierte – Allrounder-Position einnehmen zu können.

Die Entwicklung eines solchen Modells für einen anderen Markt oder ein Produktsegment bedarf in jedem Fall einer eigenen qualitativen Forschung, um die Bedürfnisdimensionen der Konsumenten zutreffend verorten zu können. Der erste Schritt besteht dementsprechend darin, relevante Insights zu generieren, um die treibenden Bedürfnisse der Kunden eindeutig zu identifizieren. Hat man den zwei-, manchmal auch dreidimensionalen Raum aufgespannt, geht es darum, die dadurch entstehenden einzelnen Segmente eindeutig zu bezeichnen, um entweder die Verortung bestehender Marken vornehmen zu können oder neue Marken aufgrund von identifizierten ‚freien' Bedürfnisfeldern zu entwickeln.

Im Segmentierungsmodell von Unilever wurden zunächst die bestehenden Marken verortet. *Rama*, die Familienmarke (die Margarine für den guten Start in den Tag), *Sanella*, die Fürsorgemarke („Backen ist Liebe"), *Du darfst*, die Diätmarke, *Becel*, die Gesundheitsmarke sowie *Lätta*, die Sportler-/Singlemarke und *Homa Gold*, der Alleskönner.

Über die Identifikation der damals nicht besetzten Bedürfnisdimension „Besonderer Genuss", definiert durch die Achsen „Geschmack/Genuss" und „Eigene Belohnung", wurde die neue Marke *Bertolli* entwickelt. Durch ihre Produktbasis Olivenöl ist sie als Familienmarke oder als Allrounder nicht geeignet. In der Regel präferieren Kinder weniger geschmacksintensive Öle wie Sonnenblumen- oder Rapsöl und kommen damit nicht als präferierte Verwenderschaft infrage. Auch hat eine Olivenölmargarine nicht die gleichen Back- und Brateigenschaften wie klassische pflanzliche Margarinen, sodass der Bereich „Fürsorge" mit einer solchen Marke ebenfalls nicht optimal abgedeckt werden kann. Bertolli ist dagegen stark im Bereich „Geschmack/Genuss" sowie „Eigene Belohnung". Es ist eine Marke, die ein Konsument oder eine Konsumentin gezielt für sich selbst kauft, weil er oder sie den Geschmack von Olivenöl mag bzw. die gesundheitlichen Vorteile von Olivenöl schätzt.

Dieses Modell lässt sich auf alle Produktkategorien anwenden – allerdings mit für die jeweilige Produktkategorie stimmigen Bedürfnisdimensionen, die auf Basis von relevanten Insights mithilfe der qualitativen Forschung zu ermitteln sind.

Markenpositionierung
Nach der Entscheidung, welche Zielgruppe eine Marke ansprechen soll, geht es um das „Wie" der Markenstrategie. Wie kann die Marke Personen aus der Zielgruppe ansprechen, um sie als möglichst loyale Kunden für sich zu gewinnen und sich gegen den Wettbewerb durchzusetzen? Zur Definition dieser Aspekte der Markenstrategie wird das Instrument der „**Markenpositionierung**" eingesetzt.

Zwei der grundlegenden konzeptionellen Beiträge zur Markenpositionierung kommen aus der Werbung. Bereits in den 1960er-Jahren stellte **Rosser Reeves** (1963) seinen Ansatz der „**Unique Selling Proposition**" (USP) vor. Die drei Elemente des Begriffes haben in unterschiedlichem Maße Bedeutung für die später folgenden Entwicklungen des Markenpositionierungs-Konzeptes erlangt. Die Verkaufsorientierung (Selling) ist für ein Marketing-Werkzeug obligatorisch. Das Nutzenversprechen (Proposition) war in den meisten Beispielen, mit denen Reeves in seinem Buch arbeitet, sehr funktional ausgeprägt (z. B. ein Mundwasser bekämpft Mundgeruch). Im Laufe der folgenden Jahrzehnte waren und sind viele Marken auch mit rein emotionalen Versprechen erfolgreich geworden, sodass in diesem Punkt eine starke Weiterentwicklung festzustellen ist. Die Einzigartigkeit (Unique) hat von den drei Elementen der USP den prominentesten Platz im Marketing eingenommen. Das alleinige Besetzen von Marktpositionen und die damit einhergehende Differenzierung vom Wettbewerb sind bis heute zwei der Hauptziele der Markenführung.

1981 erschien mit „**Positioning – The Battle for your Mind**" von **Al Ries und Jack Trout** (1981) das Gründungswerk des Konzeptes der Markenpositionierung. Auch hier spielen die Faktoren Einzigartigkeit und Differenzierung die zentrale Rolle. Die Aufgabe des Positionierens einer Marke bezog sich dabei einzig und allein auf die Wahrnehmung des (potenziellen) Kunden. Hier sollte eine eindeutige und klare Botschaft verankert werden, damit die Marke in der – laut den Autoren – schon damals „überkommunizierten" Gesellschaft überhaupt noch zur Zielgruppe durchdringen kann. Zur Einordnung des Einflusses der beiden Konzepte „USP" und „Positioning" sei hier nochmals angemerkt: Sie waren aufs Engste mit der Markenwerbung verbunden, damals also mit der Kommunikation in den (heute) klassischen Massenmedien.

In den folgenden Jahrzehnten ab den 1990ern setzte eine **Weiterentwicklung des Markenpositionierungs-Konzeptes** ein. Ausgehend von seiner nach wie vor hohen Bedeutung für die Markenkommunikation wurde es zum zentralen Instrument der Markenführung. Die in der Markenpositionierung formulierten Grundsätze dienten von nun an der Steuerung aller Marketingaktivitäten. Das oberste Ziel der Markenpositionierung ist dabei, die maximale Konsistenz und Kontinuität einer Marke an allen Kontaktpunkten mit Kunden und anderen externen Marktakteuren sicherzustellen. War eine Marke mithilfe einer Positionierung definiert, hatte die Marketingabteilung quasi eine Wächterrolle inne, die die strikte Einhaltung der Positionierungsgrundsätze kontrollierte.

2.2 Aufgaben und Instrumente der Markenführung

▶ Die klassische Funktion der Markenpositionierung besteht in der Sicherstellung von Konsistenz und Kontinuität in der Markenwahrnehmung der Kunden.

Eine Markenpositionierung gehört heute zum festen Inventar einer Marketing-Abteilung. Was das Konzept allerdings relativ schwer zu greifen macht, ist seine uneinheitliche Definition. Selbst Größen der Marketing-Wissenschaft sind sich nicht einig: Sieht z. B. Keller (2013, S. 79) die Markenpositionierung „at the heart of marketing strategy", ist laut Esch (2014, S. 91 ff.) die Markenpositionierung ein Element der übergeordneten **Markenidentität**. Neben diesen unterschiedlichen Begriffsauslegungen existieren in Wissenschaft und Praxis viele unterschiedliche Modelle, die zur Definition einer Markenpositionierung bzw. Markenidentität genutzt werden. Vor allem große internationale Konsumgüterunternehmen, Unternehmensberatungen, Marktforschungsunternehmen und Werbeagenturen haben eigene Modelle zur Markenpositionierung entwickelt (Kapferer 2012, S. 170 ff.; Zednik und Strebinger 2008, S. 301 f.). Die Geschichte hinter einem der bekanntesten dieser Modelle, dem „**Brand Key**" des Konsumgüterkonzerns Unilever, stellen wir unter „Hintergrund: die Entstehung eines Markenmodells" vor.

Hintergrund: die Entstehung eines Markenmodells – der „Unilever Brand Key"

Als eine der großen Blue-Chip Marketing-Companies weltweit hatte Unilever per Definition einen starken Fokus auf der verbraucherorientierten Entwicklung der Positionierung von Marken. Dazu existierten bei Unilever – auch schon lange vor der Entwicklung des „Brand Keys" – detaillierte Anleitungen, in denen definiert war, wie ein Brand Positioning Statement zu entwickeln ist und welche Dimensionen es enthalten sollte. Als ein Vorreiter in der Arbeit mit qualitativer Konsumentenforschung gehörte diese auch schon früh zur relevanten Vorarbeit der Entwicklung eines Positionierungs-Statements. Trotzdem kam ihr – anders als später beim „Brand Key" – eine relativ geringe Bedeutung zu. Im Unilever Manual „Good Advertising Practice" heißt es dazu: *„Qualitative research can help to explore relevant benefits and to collect real consumer language."* Die Ergebnisse – oder Insights, wie man sie später nennen sollte – hatten also keinen eigenen festen Platz im Positionierungsmodell, sondern dienten dazu, bestimmte Dimensionen des Brand Positioning Statements genauer auszuformulieren. Darüber hinaus war nicht näher definiert, wie das Ergebnis fixiert werden sollte. Jeder Brand Manager fasste sein Brand Positioning Statement in freier Schriftform zusammen und gab es an seine Agentur weiter.

Durch die zunehmende internationale und später auch globale Expansion vieler Marken wurde die Notwendigkeit eines standardisierten Modells immer größer. Mitte der 1990er Jahre wurde zentral und für alle Unilever-Marken weltweit verbindlich der „Brand Key" entwickelt. Das neue Unilever-Positionierungsmodell war ein Meilenstein in der Institutionalisierung der globalen Markenführung. Es hat nicht nur bis heute Bestand, sondern wurde auch von vielen anderen Unternehmen genutzt, kopiert oder adaptiert. Auch an die Universitäten und in Lehrbücher hat es das Modell geschafft.

Der „Brand Key" besteht aus den drei Elementen „Key Positioning", „Key Vision" und „Key Extensions". Die größte Bedeutung kam seit jeher dem „Key Positioning" zu, dem das

Abb. 2.2 Der „Unilever Brand Key"

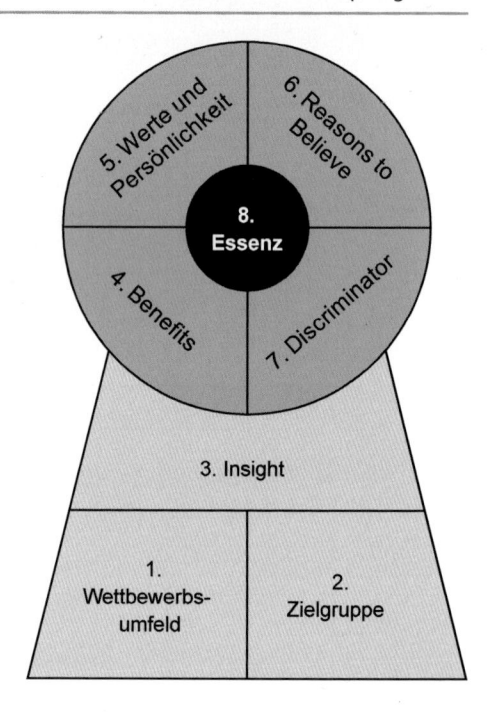

Modell seinen Namen verdankt. Das „Key Positioning" – heute allgemeinhin mit „Brand Key" bezeichnet – definiert acht Elemente, deren Erarbeitung im „Brand Key Booklet" definiert wird (s. Abb. 2.2):
1. Wettbewerbsumfeld:
   Der Markt und die bestehenden Alternativen aus Kundensicht.
2. Zielgruppe:
   Die Person, für die die Marke immer die beste Wahl ist, definiert durch ihre Werte und Einstellungen (anstelle von demografischen Merkmalen).
3. Insight:
   Das Element, das die Bedürfnisse der Zielgruppe beschreibt und welches das Fundament der Marke bildet.
4. Benefits:
   Differenzierende funktionale und emotionale Nutzen, die zum Kauf motivieren.
5. Werte und Persönlichkeit:
   Zeigen, wofür die Marke steht und woran sie glaubt.
6. Reasons to Believe:
   Konkretisiert und untermauert die Positionierung.
7. Discriminator:
   Erklärt, warum die Zielgruppe die Marke im Wettbewerb auswählt.
8. Essenz:
   Die Konzentration der Marken-DNA in einem klaren Gedanken.

2.2 Aufgaben und Instrumente der Markenführung

Der „Brand Key" kann zu Recht als ein bedeutender Beitrag zur Entwicklung, Stärkung und konsistenten Führung von Marken bezeichnet werden. In den Folgejahren nach Entwicklung des Modells wurden alle Unilever-Marken weltweit anhand dieses Modells spezifiziert und weiterentwickelt. Insbesondere in der internationalen und globalen Markenführung hat das Modell einen wertvollen Beitrag zur Entwicklung von starken Marken geleistet.

Die Gefahr eines solchen Modells wurde allerdings schon bei seiner Einführung gesehen. Im „Brand Key Booklet" findet sich auf der ersten Seite der entscheidende Satz: *„As with many great ideas, Brand Key is easier to understand than to use well. Like a computer, a camera or a musical instrument, it is a tool, not a substitute for talent. It will help you to achieve exceptional results, but only if you apply it with outstanding consumer understanding, creative insight, passion and perseverance."*

Wie der „Brand Key" sind **Marken-Modelle** meist nach bildlichen Metaphern mit Bezug auf ihre Darstellung benannt. Jeder Marketing-Praktiker auf Unternehmens- oder Dienstleisterseite wird schon häufig eine Pyramide, einen Diamanten, einen Leuchtturm, ein Steuerrad o. Ä. zur Definition einer Marke kennengelernt haben. So groß die Anzahl der Modelle und so verschieden ihre Namen, inhaltlich ähneln sie sich sehr stark. Viele in den Modellen verwendete Begriffe unterscheiden sich zwar im Wortlaut, haben aber dieselbe oder zumindest eine ähnliche Bedeutung. Besonders wichtig und daher meist zentral innerhalb der Modelle positioniert ist der Marken-Kern, gerne auch Marken-Essenz oder Markenversprechen genannt. Weitere Begriffe, die sehr häufig in Markenmodellen auftauchen, sind:

- Werte
- Persönlichkeit
- Differentiator
- Reasons to Believe
- Benefit (funktional, emotional)
- Wurzeln und Herkunft der Marke

Eingerahmt werden diese Markeneigenschaften häufig von Angaben zur Zielgruppe und zum Wettbewerbsumfeld der Marke sowie dem zentralen Kunden-Insight, der die inhaltliche Grundlage des Modells ist. (Jowitt und Lury 2012, S. 97).

▶ In Wissenschaft und Praxis gibt es sehr viele verschiedene Markenmodelle, die sich konzeptionell und inhaltlich allerdings nur wenig voneinander unterscheiden.

Markenmodelle dieser Art waren die Basis unzähliger starker Marken. Mit ihrer Hilfe gelang vielen Unternehmen der Erfolgszug rund um den Globus. Sie konnten – auf Konsistenz und Wiedererkennbarkeit getrimmt – Kunden zuverlässig ein bestimmtes Markenversprechen bieten, schafften Orientierung und waren ein starker Qualitätsindikator.

2.2.2 Marketing-Mix-Strategie und ihre Umsetzung

Die Ausgestaltung des Marketing-Mix bildet die operative Ebene der Markenführung. Der Marketing-Mix besteht aus „(...) *everything the firm can do to influence the demand for its product.*" (Kotler und Armstrong 2013, S. 76).

Zur Gliederung dieses riesigen Aufgabenumfangs dienen die **vier Ps**, eines der bekanntesten Marketing-Konzepte überhaupt. Anhand der Variablen „Product" (Produktpolitik), „Price" (Preispolitik), „Promotion" (Kommunikationspolitik) und „Place" (Distributionspolitik) können die Marketingaktivitäten eines Unternehmens kategorisiert werden.

Auch wenn seit der Einführung der vier Ps immer wieder Kritik an dem Konzept geäußert wurde und es auch einige Erweiterungsansätze gibt, lassen sich doch so gut wie alle möglichen Marketingaktivitäten nachvollziehbar einer der Kategorien zuordnen. Den zentralen Einfluss auf das Markenerlebnis und die Kundenwahrnehmung stellt natürlich das Produkt dar. Neben grundlegenden Eigenschaften wie Qualität, Design oder Ausstattungsmerkmalen gehören auch Aspekte wie Garantien und Service in der Nachkaufphase zur Produktpolitik. Der Preis ist das einzige Element im Marketing-Mix, das direkt Erlöse erzielt. Einfluss auf deren Höhe haben, neben der Fähigkeit der Marke, ein Preis-Premium zu erzielen, auch Faktoren wie Rabatte, Zahlungsbedingungen und die Herstellungskosten. Promotion ist der prominenteste Teil des Marketing-Mix. Für die Markenkommunikation investieren Unternehmen oft große Budgets, um sich wie gewünscht am Markt zu präsentieren. Insbesondere dieser Bereich war in den letzten Jahren von zahlreichen Veränderungen betroffen (s. Abschn. 3.3.1). Ähnliches gilt für den Bereich der Distributionspolitik (s. Abschn. 3.3.2), da auch hier die Auswahl an Vertriebskanälen zunimmt und die Abstimmung zwischen den einzelnen Kanälen komplexer wird (Kotler und Armstrong 2013, S. 76 f.; Keller 2013, S. 187 ff.).

Das Ziel bei der Ausgestaltung des **Marketing-Mix** ist ein möglichst gut ineinandergreifendes Marketing-Programm, das die strategische Markenpositionierung für Kunden aus der Zielgruppe erlebbar macht und für diese relevante Mehrwerte schafft. Für den Markenanbieter ist besonders die Herstellung einer ausreichend hohen Zahlungsbereitschaft aufseiten des Kunden entscheidend.

> ▶ Eine strategiegeleitete Umsetzung im Marketing-Mix ist mindestens genauso wichtig für eine erfolgreiche Markenführung wie die Entwicklung der Markenstrategie selbst.

Gerade diese Schnittstelle zwischen Strategie und Umsetzung stellt aber häufig eine nicht zu unterschätzende Herausforderung dar. Oftmals ist eine gute strategische Planung leichter aufgestellt als umgesetzt. So konnte branchenübergreifend schon unzählige Male beobachtet werden, dass eine Premium-Marke unter dem Druck von ambitionierten Umsatzzielen mit großzügigen Rabatten verkauft wurde. Lücken und Unstimmigkeiten wie diese zwischen Markenstrategie und Marketing-Mix sind eine häufige Ursache für die Abnahme von Brand Equity. Daher sind die Themen „Umsetzbarkeit" und „Handlungsorientierung" wesentliche Faktoren, die unser Konzept der agilen Markenführung berücksichtigt (s. Abschn. 5.2.3).

2.2.3 Marketing-Kontrolle

Die Investments im Rahmen der Markenführung müssen ihren Beitrag zur Erreichung der in der Unternehmensstrategie festgelegten Ziele leisten. Hinsichtlich dieser Auffassung hat es in den letzten Jahren einen Umschwung gegeben. Lange Zeit war es relativ akzeptiert, dass der Beitrag der Markenführung zum Unternehmenserfolg nur relativ ungenau monetär bewertet werden konnte. Sinnbildlich dafür ist das bekannte Zitat von Henry Ford: *„Ich weiß, die Hälfte meiner Werbung ist hinausgeworfenes Geld. Ich weiß nur nicht, welche Hälfte."* Mit so einer Ungenauigkeit geben sich heute aber immer weniger Unternehmen zufrieden und fordern eine verbesserte Messbarkeit von Maßnahmen im Bereich der Markenführung, um Marketingentscheider stärker in die Verantwortung zu nehmen. In diesem Zusammenhang wird das Instrument des **„Return on Marketing Investment"** (ROMI) immer populärer. Es setzt die Netto-Erträge aller Markenführungsaktivitäten ins Verhältnis zu ihren Kosten. Auch dieser Ansatz kann allerdings das Problem nicht vollständig lösen, dass viele wichtige Kennzahlen im Marketing, wie Werbewirkung oder das Markenimage, nicht auf eine finanzielle Größe gebracht werden können.

> ▶ Die Anforderungen an die Messbarkeit von Investments der Markenführung sind gestiegen und es gilt, dazu sowohl relevante qualitative Faktoren wie auch quantitative Renditekennzahlen zu definieren und zu erfassen.

Trotzdem kann sich die Markenführung den Anforderungen erhöhter Transparenz und Messbarkeit nicht entziehen. Es gilt daher, eine aussagekräftige Kombination aus Messverfahren und Kennzahlen zu finden. Marketing-Kontrolle muss sowohl die qualitativen Faktoren erfassen, die sich – wie das Konzept des „Brand Equity" – in den Köpfen der Kunden bilden, als auch den Einfluss der Markenführung auf „harte" Kennzahlen wie Umsatz, Marktanteile oder Ertrag (Kotler und Armstrong 2013, S. 292 f.; Keller 2013, S. 81 ff.).

> **Fazit: die Marke als Wertschöpfungsfaktor**
>
> Das Verständnis des Markenbegriffs hat sich weiterentwickelt. Aus der reinen Markierungsfunktion ist ein wichtiger Wertschöpfungsfaktor für Unternehmen geworden. Der Wert einer Marke entsteht in der Beziehung zwischen Anbieter und Kunde. Insbesondere für Kunden stiften Marken heute neben Orientierung häufig wichtigen immateriellen Zusatznutzen, wie z. B. in Form von Identifikationspotenzial oder dem Signalisieren von Status. Diese Zusatznutzen ermöglichen es Unternehmen, Premiumpreise für ihre Marken zu erzielen, was Marken zu einem starken Ertragstreiber macht.
>
> Die Aufgaben der Markenführung lassen sich in die Entwicklung der Markenstrategie, die Marketing-Mix-Strategie und ihre Umsetzung sowie die Marketing-Kontrolle untergliedern. Die Entwicklung der Markenstrategie besteht aus den Schritten „Marktsegmentierung", „Zielgruppenauswahl" und „Markenpositionierung". Die heute etablierten und weit verbreiteten Markenpositionierungs-Modelle haben ihre konzeptionellen Wurzeln im Bereich Werbung und Kommunikation. Sie haben sich von dieser Basis aus weiterentwickelt und den Anspruch, Steuerungsgrundlage sämtlicher Marketingaktivitäten zu sein. Ihre Kernfunktion besteht in der Sicherstellung von Konsistenz und Kontinuität einer Marke.
>
> Über die Ausgestaltung des Marketing-Mix wird die Markenstrategie umgesetzt und mithilfe der Marketing-Kontrolle werden die Investments der Markenführung hinsichtlich ihres Beitrags zum Unternehmenserfolg gemessen und bewertet.

Literatur

Esch, F.-R. (2014). *Strategie und Technik der Markenführung* (8. Aufl.). München: Franz Vahlen.

Gaiser, B. (2011). Aufgabenbereiche und aktuelle Problemfelder der Markenführung. In E. Theobald, P. T. Haisch (Hrsg.), *Brand evolution* (S. 3–21). Wiesbaden: Gabler.

Interbrand. (2015). Best Global Brands 2015. http://interbrand.com/best-brands/best-global-brands/2015/ranking/. Zugegriffen: 09. Okt. 2015.

Jowitt, H., & Lury, G. (2012). Is it time to reposition positioning? *Journal of Brand Management, 20*(2), 96–103.

Kapferer, J.-N. (2012). *The new strategic brand management – Advanced insights & new strategic thinking* (5. Aufl.). London: Kogan Page.

Keller, K. L. (2013). *Strategic brand management – Building, measuring and managing brand equity* (4. Aufl.). Harlow: Pearson.

Kotler, P., & Armstrong, G. (2013). *Principles of marketing* (15. Aufl.). Harlow: Pearson.

Literatur

Brown, M. (2015). BrandZ – Top 100 Most Valuable Global Brands 2015. http://www.millwardbrown.com/BrandZ/2015/Global/2015_BrandZ_Top100_Report.pdf. Zugegriffen: 31. Aug. 2015.
Reeves, R. (1963). *Werbung ohne Mythos*. München: Kindler.
Ries, A., & Trout, J. (1981). *Positioning – The battle for your mind*. New York: McGraw-Hill.
Wedel, M., & Kamakura, W. (2000). *Market segmentation – Conceptual and methodological foundations* (2. Aufl.). Norwell: Kluver Academic Publishers.
Zednik, A., & Strebinger, A. (2008). Brand management models of major consulting firms, advertising agencies and market research companies: A categorization and positioning analysis of models in Germany, Switzerland and Austria. *Brand Management, 15*(5), 301–311.

Neue Herausforderungen für die Markenführung 3

Zusammenfassung

Eine Reihe von Entwicklungen stellt die Markenführung vor neue Herausforderungen, die auf vielfältige Arten Einfluss auf die Gestaltung von Markenstrategie und Marketing-Mix nehmen. Das Kundenverhalten ist multioptional, genauso wie das Angebot, das Kunden heute zur Auswahl steht. Das Verhältnis zwischen Marke und Kunde ist weniger hierarchisch geworden. Der Wettbewerb hat sich verschärft und die Medien- und Vertriebslandschaft ist ebenso vielfältig und komplex wie das Kundenverhalten.

Volatilität, Vergänglichkeit, Unsicherheit, Komplexität, Ambiguität – Begriffe wie diese dominieren die aktuelle wirtschaftliche Diskussion. Marketing als betriebswirtschaftliche Disziplin und Unternehmensfunktion ist von Veränderungen auf einer Vielzahl von Ebenen betroffen. Insbesondere soziokulturelle und technologische Entwicklungen – vor allen Dingen die Digitalisierung – haben das Kundenverhalten sowie die Wettbewerbs-, Vertriebs- und Medienlandschaft nachhaltig geprägt. Für die Markenführung ergibt sich daraus eine Reihe von neuen Herausforderungen, die wir in diesem Kapitel im Detail erörtern.

3.1 Dimension „Kunde"

3.1.1 „Multioptionalität 2.0"

Vom rationalen und streng nutzenmaximierenden Menschenbild des „Homo oeconomicus" haben sich die Marketing-Wissenschaft und die Management-Praxis schon seit einiger Zeit verabschiedet. Die Auseinandersetzung mit den Einstellungen und Bedürfnissen von Kunden hat zu einer Vielzahl von Segmentierungs- und Profilierungsansätzen geführt, um für Produkte und Dienstleistungen hinreichend große und lukrative Zielgruppen zu identifizieren (s. Abschn. 2.2.1).

Diese Aufgabe ist allerdings mit der ständigen Entwicklung des Kundenverhaltens immer komplexer und schwieriger geworden. Parallel mit dem Aufkommen der Massenproduktion konnte man noch von einem konsistenten Kunden ausgehen. Weitestgehend einheitliches und stabiles Konsumverhalten erlaubte Unternehmen eine relativ undifferenzierte Kundenansprache. Ein Großteil der Kaufentscheidungen betraf grundlegende physiologische und Sicherheitsbedürfnisse. Die nächste Stufe der Entwicklung ist als „hybrider Kunde" bekannt geworden. Mit „hybrid" ist die Vereinigung verschiedener Verhaltens- und Entscheidungsweisen hinsichtlich des Konsums in einer Person gemeint. Dies gilt insbesondere für seine Zahlungsbereitschaft. Sie variiert von Produktkategorie zu Produktkategorie, sodass der hybride Kunde oft mit dem Typus des „Smart Shoppers" verbunden wird. Dieser strebt ein aus seiner Sicht optimales Preis-Leistungs-Verhältnis an. Der hybride Käufer hat sich so sehr etabliert, dass man seinen Einfluss sogar im Erscheinungsbild vieler deutscher Städte findet. Im Lebensmitteleinzelhandel sind klassischer Supermarkt und Discounter auffällig oft in unmittelbarer Nähe zueinander angesiedelt. Da der hybride Kunde zwar verschiedene, aber stabile Verhaltensweisen zeigt, lässt er sich noch segmentieren und als Zielgruppe relativ eindeutig definieren. Für die komplexeste Stufe des Kundenverhaltens gilt dies nicht mehr: Der multioptionale Kunde zeigt ein mehrdimensionales Konsumverhalten, das über den Zeitverlauf instabil ist. Es ist gekennzeichnet durch starke Bedürfnisse nach Abwechslung und Individualität. Abbildung 3.1 zeigt die drei Entwicklungsstufen des Kundenverhaltens im Überblick. Die Markenführung steht somit vor der Herausforderung, angesichts dieses aufwendig zu analysierenden Kundenverhaltens praktikable und planbare Zielgruppendefinitionen zu finden (Rennhak 2014, S. 178 ff.).

▶ Das in vielen Produktkategorien zu beobachtende komplexe Kundenverhalten erschwert die Definition von Zielgruppen als den grundlegenden Baustein einer Markenstrategie.

Wie sich das **Kundenverhalten** in Zukunft entwickeln wird, ist nicht vorherzusagen. Es deutet allerdings wenig auf eine abnehmende Komplexität hin. Ein ausdifferenziertes Kundenverhalten hat sich etabliert und ist nicht mehr als neu oder überraschend zu bezeichnen. Deutlich wird dies z. B. an der Vielfalt an Ernährungsstilen, die heute zu beobachten sind (s. Fallbeispiel „Unbekümmerter, Flexitarier oder Veganer"). Zur Multioptionalität auf Nachfragerseite kommt aber

3.1 Dimension „Kunde"

Multioptionaler Kunde
Variierendes und instabiles Verhalten

Hybrider Kunde
Variierendes, aber stabiles Verhalten

Konsistenter Kunde
Einheitliches und stabiles Verhalten

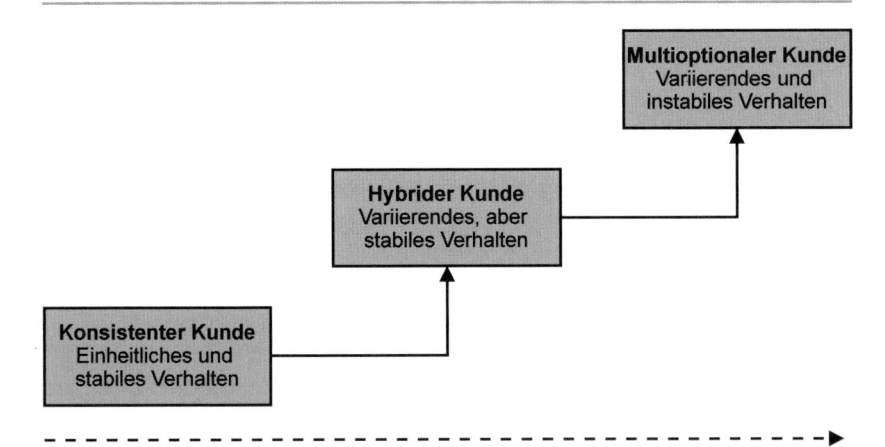

Abb. 3.1 Die Entwicklungsstufen des Kundenverhaltens

noch eine stetig wachsende Multioptionalität auf der Angebotsseite hinzu: Der Bestand der beim Deutschen Patent- und Markenamt registrierten Marken steigt seit Jahren kontinuierlich und beträgt Ende 2014 knapp 800.000 Stück (Deutsches Patent- und Markenamt 2014). Die durchschnittliche Anzahl von Artikeln in einem Supermarkt ist seit Jahren stabil hoch bei rund 25.000 (EHI Retail Institute). Laut dem Bundesverband E-Commerce und Versandhandel (bevh 2014) ist der Unternehmensbestand in der Branche von 2009 bis 2013 um 14,5 % auf über 25.000 Händler gestiegen.

▶ Das Kundenverhalten ist schon seit einiger Zeit ausdifferenziert und vielfältig. Diesen Bedürfnissen auf Nachfragerseite passt sich die Angebotsseite immer mehr an. Diese Entwicklung ist ein wesentlicher Treiber bei der Entstehung komplexer Marktstrukturen.

Wie sich eine solche „**Multioptionalität 2.0**" auf beiden Seiten des Marktes auswirken kann, lässt sich bereits an sehr speziellen Konsummilieus beobachten: Das Zeit Magazin (2014) hat ein solches Milieu „Besserbürger" getauft. Für diese Gruppe – soziodemografisch als junge, in der Großstadt lebende, akademisch geprägte Mittelschicht einzuordnen – ist der Konsum äußerst individualistisch und stilbewusst. Sie nutzen die Informations- und Einkaufsmöglichkeiten des Internets, um Produkte zu finden, die möglichst wenige Menschen in ihrem Umfeld kennen bzw. besitzen. Dieses Verhalten beschränkt sich allerdings nicht nur auf Güter, die aufgrund ihres Preises oder der geringen Kaufhäufigkeit traditionell für Prestige

stehen. In der Welt der „Multioptionalität 2.0" kann man Stil und Kennerschaft auch mit alltäglichen Dingen beweisen – das Zeit Magazin führt z. B. einen Nussknacker oder eine Auflaufform an.
Ein solches Konsumverhalten stellt die herrschende Meinung in der Marketing-Lehre auf den Kopf. Ein **aufwendiger Kaufentscheidungsprozess** wird eigentlich nur bei Produkten unterstellt, bei denen zum einen deutliche Unterschiede zwischen Alternativen wahrgenommen werden und zum anderen der Käufer hoch involviert ist, etwa aufgrund des hohen Kaufpreises oder der Komplexität des Produktes selbst (Kotler und Armstrong 2013, S. 174). Wenn aber für bestimmte Zielgruppen potenziell fast jede Produktkategorie hohes Involvement auslösen kann, schränkt dies die Planbarkeit für Marken-Entscheider ein bzw. erhöht die Anforderungen an die Markenführung.

> **Fallbeispiel: Ernährungsstile – Unbekümmerter, Flexitarier oder Veganer**
> Die Ernährungsindustrie brachte es 2014 in Deutschland auf ein Umsatzvolumen von über 170 Mrd. € (Bundesvereinigung der Deutschen Ernährungsindustrie 2015, S. 13). Ein zentraler Faktor in Sachen Ernährung und somit für diesen Wirtschaftsbereich ist die Einstellung von Konsumenten gegenüber dem Verzehr von Fleisch. Diese ist heute für einen signifikanten Anteil der deutschen Bevölkerung keine einfache „Ja-oder-Nein-Entscheidung" mehr. Eine Info-Grafik von Zeit Online (2013, http://www.zeit.de/lebensart/essen-trinken/2013-10/infografik-artikel-ernaehrungsarten) beschreibt nicht weniger als zehn verschiedene Ernährungstypologien, die mehr oder weniger streng auf Fleisch verzichten – vom Veganer (Verzicht auf Nahrung tierischen Ursprungs) bis zum Freeganer, der alles isst, wenn es nicht aus dem kommerziellen Handel kommt. Wie eine repräsentative Studie der Universitäten Hohenheim und Göttingen (Cordts et al. 2013, S. 59) zeigt, rechnet sich noch die Mehrheit der Deutschen mit 75 % der Befragten zu den „unbekümmerten Fleischessern". Bereits 11,6 % bezeichneten sich hingegen schon als „Flexitarier", die selten und eher wenig, aber dafür ausgewähltes und tendenziell hochwertiges Fleisch essen. Vegetarier machen 3,7 % der Befragten aus. Im Vergleich zu früheren Umfragen aus dem Jahr 2006 hat sich ihr Anteil immerhin verdoppelt.
>
> Trendforscher rechnen besonders bei den eher pragmatisch geprägten Flexitariern mit Wachstumspotenzial (Zukunftsinstitut 2014, S. 13). Diese Ansicht stützt auch die Studie der Universitäten Hohenheim und Göttingen, die einen Anteil von 9,5 % der Befragten als „reduktionswillige Fleischesser" identifiziert hat. Entwicklungen wie diese haben einen großen wirtschaftlichen Einfluss auf Erzeuger, Handel und Gastronomie und illustrieren sehr anschaulich die heute zu beobachtende Multioptionalität im Kundenverhalten.

3.1.2 Demokratisierung der Marke

Eine Reihe von sozialen Medien hat sich mittlerweile fest im Alltag vieler Menschen etabliert. Facebook, XING, LinkedIn, Twitter, Blogs, Foren sowie Techniken wie Ratings oder Reviews gehören für so gut wie jeden Internetnutzer zum Standardrepertoire seiner Online-Kommunikation – ob zum aktiven Austausch oder zur passiven Informationsbeschaffung. Immer wieder kommen neue Plattformen und Anwendungen hinzu, wie Pinterest, Vine oder Snapchat. Ob auch diese in Zukunft eine ähnliche Verbreitung erreichen, wird sich zeigen. In diesem Abschnitt fassen wir zusammen, wie sich diese neue Kommunikationslandschaft auf das Kundenverhalten auswirkt und welche Herausforderungen daraus für die Markenführung entstehen. In Abschn. 3.3.1 beleuchten wir die Konsequenzen der neuen Medien für den Aspekt der Markenkommunikation innerhalb des Marketing-Mix.

Abgabe der Kommunikationshoheit
Soziale Medien geben jedem Menschen mit Internetzugang eine Stimme und diese Möglichkeit zur Meinungsäußerung wird rege genutzt. Natürlich verhallt vieles davon mehr oder weniger unbeachtet und polemische Äußerungen in der Anonymität des Internets bringen soziale Medien immer wieder etwas in Verruf. Aber auch diese Aspekte ändern nichts an dem fundamentalen Wandel, dass sich Unternehmen heute die Kommunikationshoheit über ihre Marken mit der breiten Öffentlichkeit teilen müssen. Digital verstärkte Mundpropaganda ist für Unternehmen Chance und Risiko zugleich. Jüngere Generationen können es sich wahrscheinlich nicht vorstellen: Es ist noch gar nicht so lange her, dass ein Brief in vielen Fällen die einzige Möglichkeit war, mit dem Unternehmen hinter einer Marke in Kontakt zu treten, um Lob oder Ärger loszuwerden. In dieser Zeit war es schon ein Grund für eine Krisensitzung in der Marketingabteilung, wenn eine Pressemeldung zum eigenen Produkt nicht ganz auf der gewünschten Linie war. Eine einzelne Negativäußerung im Netz kann so etwas heute nicht mehr auslösen, dafür muss es schon ein ausgewachsener „Shitstorm" sein.

Ein Aspekt, der für Kunden und für Markenanbieter gleichermaßen nützlich sein kann, ist die **Angleichung des Informationsstandes über Produkte und ihre Qualität**. Einer der Haupttreiber dieser Angleichung ist, dass sich Kunden mithilfe von Funktionen wie Produktbewertungen und Reviews durch Käufer bzw. Nutzer *vor* dem Kauf ein relativ objektives Bild von der Produkt- oder Leistungsqualität machen können. Simonson und Rosen (2014) bezeichnen diese Veränderung im Kaufentscheidungsprozess sogar als den **Hauptgrund für den Bedeutungsverlust einer Marke als Qualitätsindikator**. Produktbewertungen und Reviews gleichen den Informationsstand zwischen Hersteller und Käufer sowie zwischen Käufern untereinander an. Die Unsicherheit eines Interessenten hinsichtlich des

Produkterlebnisses sinkt und gibt dadurch auch neuen oder weniger bekannten Marken bessere Marktchancen (Simonson und Rosen 2014, S. 60 ff.). Dank derselben Mechanismen können andererseits auch internationale Konzerne leichter und in kürzerer Zeit ihre Marktpositionen ausbauen oder neue Segmente erschließen, wie das Fallbeispiel „Hyundai rollt den weltweiten Automarkt auf" zeigt.

> **Fallbeispiel: Hyundai rollt den weltweiten Automarkt auf**
>
> Der koreanische Hersteller ist aktuell eine der größten Erfolgsgeschichten in der internationalen Automobilbranche. Von 2006 bis 2014 konnte die Marke ihren Anteil an der globalen Automobilproduktion von knapp 4 % auf über 10,5 % steigern (Statista 2015a). Auch in Deutschland hat es die Marke für das Jahr 2014 auf einen Marktanteil von 3,3 % gebracht und ist damit die beliebteste asiatische Automarke und drittstärkste Importmarke (Hyundai 2015). Diesen schnellen Aufstieg in Auslandsmärkten wie Deutschland erreichte das Unternehmen weniger über die Anziehungskraft und Bekanntheit der Marke als über hohe und glaubhaft dokumentierte Qualität in Verbindung mit günstigen Preisen und einem attraktiven Design der Wagen. So erzielte Hyundai z. B. in einem aktuellen Vergleichstest der AutoBild (2015) mit ihren Modellen den ersten Platz in zwei von zehn Fahrzeugklassen. Das Kleinwagenmodell i20 (s. Abb. 3.2) schnitt dabei sogar besser ab als der Kleinwagen-Klassiker VW Polo.

Abb. 3.2 Das Hyundai Modell i20. (Foto: Hyundai)

Das Unternehmen kommt andererseits bei seiner Marktbearbeitung mit einem vergleichsweise niedrigen Kommunikationsbudget aus. Unter den 15 Automarken mit den höchsten Bruttowerbeausgaben in Deutschland 2014 ist Hyundai nicht zu finden (Statista 2015b). Weiter glaubhaft unterstützt wird das Qualitätsversprechen durch eine Garantie über fünf Jahre, während die Mehrheit der Wettbewerber nur zwei Jahre anbietet. Das Beispiel Hyundai zeigt, wie schnell es heute möglich ist, mithilfe der erhöhten Informationstransparenz die eigene Marktposition auszubauen – selbst in Branchen wie der Automobilindustrie, bei der im Entscheidungsprozess der Kunden die Marke traditionell eine wichtige Rolle spielt.

Von der großen Kommunikationsbereitschaft auf Online-Plattformen und in sozialen Medien können Unternehmen außerdem in zweierlei Hinsicht **profitieren**. Zum einen in Form der aktiven Einbindung von Usern und Kunden in Marketingaktivitäten. Viele Marken haben dies bereits getan und in Co-Creation- oder Crowdsourcing-Prozessen u. a. neue Produktideen, Logo- und Verpackungsdesigns oder Kommunikationskampagnen entwickelt. Initiativen wie diese können sich je nach Zielrichtung an Endkonsumenten „wie du und ich" wenden (z. B. für Produktideen) oder an Profis bzw. Experten (im Falle von Designs oder Kampagnen). Das Fallbeispiel „co-kreierte Schokolade" schildert zwei mögliche Vorgehensweisen zur Einbindung des Kunden in den Wertschöpfungsprozess.

> **Fallbeispiel: co-kreierte Schokolade**
>
> Schokoladenhersteller Ritter Sport ist sehr aktiv in den sozialen Medien und hat besonders über sein Blog eine aktive Community aufgebaut. 2011 startete die Marke die Aktion „Blog-Schokolade": Fans konnten völlig frei kreierte Vorschläge für eine neue Sorte einreichen. Damit keine unappetitlichen oder völlig unrealistischen Ideen ins Rennen gehen konnten, wurden die Vorschläge vor der Veröffentlichung inhaltlich geprüft. Nach Einsendeschluss wählte dann eine von Ritter Sport eingesetzte Jury die 20 besten Vorschläge aus. Diese wurden dann „Verbrauchers Stimme" zur Wahl gestellt. Als Sieger ging daraus die Sorte „Cookies & Cream" hervor. Danach folgte die zweite Phase der Co-Creation, denn auch für das Verpackungsdesign konnte die „Crowd" eigene Designs einreichen, von denen auch wiederum drei Sieger gekürt wurden. Nach Abschluss des Packaging-Wettbewerbs ging die Sieger-Sorte in die Produktion und im Anschluss in den Verkauf – allerdings ausschließlich online in begrenzter Stückzahl. Neben der umfassenden Einbindung der Community war der Wettbewerb auch gleichzeitig eine gute Marktforschung, um beliebte Zutaten für neue

Sorten herauszufinden. Die Blog-Schokolade war innerhalb von drei Monaten ausverkauft und erlebte 2013 ein Comeback als Aktionssorte. Somit kam das Ergebnis des Co-Creation-Prozesses letztlich auch in den Handel. Wenn Co-Creation zum Geschäftsmodell wird, spricht man von Mass Customization. Einer der ersten Anbieter, der ein solches Angebot für Schokolade auf den deutschen Markt brachte, ist chocri, gegründet 2008. Über das Internet und mithilfe entsprechender Produktions- und Logistiklösungen erfüllt die Marke individuelle und ausgefallene Süßigkeitenwünsche. Chocri stellt seinen Kunden zahlreiche Schokoladen-Grundsorten und Zutaten zur Auswahl, um eine „customized" Tafel Schokolade zu kreieren und zu bestellen. Später wurde das Angebot auch auf individualisierbare Pralinen ausgedehnt. Das Versprechen ist somit die totale Geschmacksfreiheit – Genuss oder Enttäuschung auf eigenes Risiko. Wer es sicherer mag, kann aber auch aus einer Vielzahl an kuratierten Sorten wählen, die es ebenfalls im Online-Shop zu erwerben gibt.

Die zweite Möglichkeit, sich als Marke das Sendungsbewusstsein von Onlinern zunutze zu machen, ist die Analyse der nun massenhaft zur Verfügung stehenden **Daten**. Das Internet vergisst so gut wie nichts und ist daher eine potenziell sehr ergiebige Quelle von Erkenntnissen zu Meinungen, Einstellungen und Wünschen der Zielgruppe sowie zu ihrem Online-Verhalten. Ein Aspekt ist hier sicherlich das momentan allgegenwärtige Thema „Big Data". Andererseits kann es auch sehr erkenntnisreich sein, das wichtigste Forum zur eigenen Produktkategorie zu lesen, um zu erfahren, was Menschen in dem jeweiligen Zusammenhang bewegt. Ausführlicher beschäftigen wir uns in Abschn. 5.2.1.2 mit diesen neuen Möglichkeiten der Marktforschung.

> ▶ Die Abgabe der Kommunikationshoheit über Marken ist für Unternehmen unumkehrbar. Soziale Medien können Mundpropaganda positiv wie negativ verstärken, bieten Unternehmen Möglichkeiten zur aktiven Einbindung von Kunden in Marketingaktivitäten und sind eine reichhaltige Datenquelle zum Kundenverhalten.

Marken als Teil der persönlichen Ich-Kampagne
Ob bei einem Dinner mit Freunden, vor dem Wahrzeichen einer Stadt, mit der neuen Handtasche oder unserem niedlichen Haustier – wir setzen unseren Alltag in Szene und lassen ständig und überall unsere Mitmenschen daran teilhaben. Insbesondere das Selfie ist das Symbol dieser neuen Form der Selbstdarstellung geworden. Umfragen zufolge machen Frauen durchschnittlich drei Selfies am Tag. Sechs Stunden in der Woche werden mit der ‚Selbstknipserei' verbracht und bis

zum perfekten Abbild braucht es sieben Versuche (Antenne 2015). Die Anzahl an Likes in den sozialen Medien ist die Belohnung für die Mühen. Die kontinuierliche Bewertung und Beurteilung in der digitalen Welt erhöht den Druck auf den Einzelnen – mit jedem Selfie will man den tausend Augen des Internets gefallen. **Wenn wir uns jetzt selbst wie eine Produktmarke darstellen, was bedeutet das dann für die Marken und Produkte, die wir verwenden?** Lange war es die Königsdisziplin der Markenführung, in der eigenen Produktkategorie zum Statussymbol zu werden. Das Lacoste-Krokodil oder der Mercedes-Stern – das Logo stand für sich. Es erlaubte dem Besitzer auf eine relativ simple Art, sich gleichzeitig einer Gruppe zugehörig zu fühlen und sich von anderen sozialen Kreisen zu differenzieren – nicht zuletzt durch das dazu nötige finanzielle Investment. Für viele Marken funktioniert dieser Mechanismus immer noch gut und ist entsprechend lukrativ. Im Zuge des zunehmend komplexeren Kundenverhaltens und dem dargestellten wachsenden Drang zur Selbstdarstellung reicht es aber immer häufiger nicht mehr aus, als Marke nur Status über ein prestigeträchtiges Logo zu bieten. Marken sind nicht mehr die alleinigen Hauptdarsteller, sondern werden im Rahmen einer persönlichen „**Ich-Kampagne**" selektiv eingesetzt, um die gewünschte Außenwahrnehmung zu erzielen. Marken werden so vom Statussymbol zum Lebensstil-Accessoire. Zur korrekten Darstellung des eigenen Lebensstiles und Selbstbildes kann es im Extremfall sogar gerade darauf ankommen, auf Markenlogos zu verzichten, wie das Fallbeispiel „Normcore – Status ohne Logo" zeigt.

Fallbeispiel: Normcore – Status ohne Logo

Die Normcore-Bewegung („Normal" und „Hardcore") stellt in der Mode das Rollenverständnis von Marken auf den Kopf: Nicht Differenz, sondern Anpassung ist in. Erstmals als Begriff definiert von der US-Trendforschungsagentur K-Hole (2013), ist darunter die Gegenbewegung zum jahrzehntelangen Hype um Trends zu verstehen. Es gilt: Ein exklusiver, glamouröser Kleidungsstil ist anstrengend und aufgesetzt, schlichte No-Name-Shirts und Kaufhaus-Jeans demonstrieren Lässigkeit und Selbstsicherheit. Dabei kann Normcore sowohl das weiße Shirt von C & A als auch der unauffällige graue Kaschmir-Pullover von Dolce & Gabbana sein. Abbildung 3.3 zeigt beispielhaft ein Normcore-Outfit. Im Idealfall erkennt der Experte die Marke am Stoff oder am Schnitt, aber nicht schon von Weitem am Logo. Gründe für die zunehmend anstrengende Abgrenzung innerhalb der Massen liegen in der Digitalisierung und Globalisierung, die individuelle Differenzierung nahezu unmöglich machen. Subkulturen sind für jeden konsumierbar geworden. Ob Brillen, Bärte oder Tattoos – neue Trends verbreiten sich in Rekordzeit und werden sekundenschnell zur

Abb. 3.3 Ein typisches Normcore-Outfit. (Foto: Rangizzz © 123RF.com)

Massenbewegung. Ob Normcore selbst nur eine Mode bleibt oder sich als ein langfristiger Konsumstil etabliert, wird sich zeigen. Das Wachstum von Modeketten wie Zara und H & M zulasten klassischer Labels könnte für Letzteres sprechen.

Dieses veränderte Rollenverständnis von Marken aus Sicht der Kunden ist für die Markenführung Chance und Risiko zugleich. Einerseits gilt es, für den zunehmend situativen Konsum relevant zu bleiben. Die eigene Marktposition wird leichter durch die Konkurrenz angreifbar. Andererseits besteht für die eigene Marke die Möglichkeit, neue Märkte, Segmente oder Kundengruppen zu erschließen, wenn man selbst ein attraktiveres Angebot machen kann. Insgesamt steigen so für Marken die Anforderungen zur Erreichung starker Kundenbindung und -loyalität.

▶ Das Verhältnis zwischen Marke und Kunde ist weniger hierarchisch geworden. Marken werden vom Status-Symbol zum Lebensstil-Accessoire.

3.2 Dimension „Wettbewerb"

Ein zu enges Verständnis von Wettbewerb gilt schon lange als eine große Gefahr für langfristigen Unternehmenserfolg. Bereits in den 1960er und 1970er Jahren warnte Management-Vordenker Theodore Lewitt vor „Kurzsichtigkeit" im Marketing. Diese liegt aus seiner Sicht vor, wenn Unternehmen ihren Markt und ihren Kreis an tatsächlichen und vor allem an potenziellen Konkurrenten zu eng definieren (Lewitt 1975, S. 2 ff.). Meistens liegt eine solche Kurzsichtigkeit in Form einer

3.2 Dimension „Wettbewerb"

Wettbewerbsbetrachtung auf Ebene der eigenen Branche vor. Etablierte Anbieter beobachten sich untereinander, welche meist kleinen Angebotsveränderungen die Konkurrenz vornimmt. Über diese Aktivitäten muss ein Unternehmen natürlich auch informiert sein. Mit einem solchen Fokus nur innerhalb des eigenen Tellerrandes steigt allerdings das Risiko, von branchenfremden Akteuren überrascht zu werden. Obwohl seit den ersten Analysen durch Lewitt einige Jahrzehnte vergangen sind, ist seine Schlussfolgerung aktueller denn je: Apple und Samsung überflügeln Nokia und Blackberry. Das Lieblingskaufhaus der Deutschen ist jetzt Amazon und nicht mehr Karstadt. Google ist seit der Übernahme des Thermostaten- und Rauchmelder-Herstellers Nest Labs Akteur im Markt für Haushaltsgeräte. Columbia University Professorin Rita McGrath (2013, S. 9 ff.) plädiert daher dafür, nicht mehr in Branchen, sondern in „Arenen" zu denken. Anstatt Angebote innerhalb einer Branche zu vergleichen, die quasi Substitute sind, werden im Arena-Konzept insbesondere die Verbindungen zwischen Kundenbedürfnissen und Angebotslösungen analysiert.

▶ Mehr denn je gilt es in der Unternehmens- und Markenführung, ein breites Verständnis von Wettbewerb zu haben, um neue potenzielle Konkurrenz rechtzeitig identifizieren zu können.

Eine Reihe von Entwicklungen hat dazu geführt, dass sich der Wettbewerbsdruck für Marken insgesamt verstärkt hat und in vielen Branchen die Markteintrittsbarrieren teils erheblich gesunken sind. Es wird immer schwieriger, Weitsichtigkeit bei der Wettbewerbsbeobachtung zu erreichen.

Eine der prominentesten Entwicklungen ist die Globalisierung, die gleichzeitig die Absatzmärkte und die Anzahl an Wettbewerbern vergrößert. So entwickelt sich z. B. China weiter, von der Werkbank der Welt zur Heimat starker Marken. Ein Beispiel dafür ist der Computer-Hardware Hersteller **Lenovo**. Neben Hygienefaktoren wie einer hohen Produktqualität kann die Marke außerdem mit gutem Service im Geschäftskundenbereich punkten. Auch im Bereich Markenimage hat sich die Marke verbessert. Unter dem Slogan „For those who do" ist Lenovo als Marke für den produktiven Nutzer positioniert und will sich so insbesondere gegenüber der Marke Apple differenzieren, die im PC- und Notebook-Segment eng mit kreativer Arbeit in Verbindung gebracht wird. Insgesamt konnte Lenovo so weltweit einer der absatzstärksten Anbieter im PC-Markt werden (Wirtschaftswoche 2013).

Neben der Globalisierung sind noch weitere Entwicklungen relevant, wenn es um die Analyse der heutigen Wettbewerbssituation für Marken geht. Diese stellen wir im Folgenden vor.

3.2.1 Ausdifferenzierte Handelsmarken und das Value-for-Money-Segment

Das Markengefüge ist in vielen Branchen und Produktkategorien in den letzten Jahren breiter geworden. Besonders viel getan hat sich im Bereich zwischen dem Mittelpreis- und dem Discountsegment. Zum einen haben sich **Handelsmarken** weiterentwickelt und viele Händler haben ihr Eigenmarkenportfolio stark ausgebaut. Im Konsumgüterbereich waren Handelsmarken zunächst die Antwort auf das Wachstum des Hard-Discount-Prinzips à la Aldi und Lidl, im Modehandel waren sie häufig als Alternative zu mittelpreisigen Herstellermarken platziert. Heute gibt es daneben ausdifferenzierte Ansätze wie Mehrwert-Handelsmarken, die gegenüber Preiseinstiegs- bzw. Discountangeboten einen Mehrwert oder Zusatznutzen bieten. Preislich trotzdem attraktiv, sprechen sie auch markenbewusste Käufer an. Nach Zahlen der GfK sind Mehrwert-Handelsmarken verantwortlich für das Marktanteilswachstum von Handelsmarken im Bereich „Fast Moving Consumer Goods": Sank der Anteil von Preiseinstiegs-Handelsmarken von 2003 bis 2013 von 28,2 % auf 24,5 %, stieg der Anteil von Mehrwert-Handelsmarken im selben Zeitraum von 3,9 % auf 12,9 % (Haller und Twardawa 2014, S. 48 f.). Außerdem sind zum Markenportfolio vieler Händler Premium-Handelsmarken hinzugekommen. Sie sind das Gegenstück zu Premium-Angeboten von Markenartiklern und befinden sich auf einem ähnlich hohen Niveau in Sachen Preis und Qualität (Bruhn 2012, S. 546). Diese Form der Handelsmarke stellt den direktesten Wettbewerb zu Hersteller-Marken dar. Das Fallbeispiel des Lebensmitteleinzelhändlers REWE zeigt, wie ein solch differenziertes Handelsmarken-Portfolio aussehen kann.

> **Fallbeispiel: REWE – Handelsriese mit umfassendem, eigenem Markenportfolio**
>
> Ein anschauliches Beispiel für ein sehr ausdifferenziertes Handelsmarken-Portfolio ist der Lebensmitteleinzelhändler REWE (s. Abb. 3.4). Neben der Preiseinstiegsmarke *ja!* gibt es die Mehrwert-Marke *Beste Wahl*, die Qualität bekannter Markenartikel zu günstigeren Preisen verspricht. Im Premium-Bereich arbeitet REWE mit der Eigenmarke *Feine Welt*, unter der u. a. Ziegenkäse im Speckmantel oder Crème Brûlée angeboten werden. Darüber hinaus wurde auch auf verschiedene Entwicklungen im Ernährungsverhalten von Kunden eingegangen, z. B. mit einem eigenen Bio-Sortiment oder mit laktose- oder glutenfreien Produkten unter der Marke *REWE frei von*.

Der Erfolg von Handelsmarken ist keineswegs nur auf den Konsumgüterbereich beschränkt. Die dargelegten Strategien sind auch z. B. in Baumärkten oder im

Abb. 3.4 Produkte aus dem REWE Handelsmarken-Portfolio. (Foto: REWE Markt GmbH)

Schreibwarenhandel zu finden. Erfolgreiche Handelskonzepte wie Ikea, Tchibo oder H & M führen ausschließlich Eigenmarken und sind selbst zu starken Marken geworden (Kapferer 2012, S. 95 f.).

▶ Insbesondere durch neue Markenkonzepte, die preislich zwischen dem Discount- und dem Mittelpreissegment angesiedelt sind, hat sich die Markenlandschaft weiter ausdifferenziert.

Auf diese Aktivitäten des Handels sowie das damit einhergehende Preis-Leistungs-Denken wachsender Käufersegmente haben Markenhersteller mit der Einführung von **Value-for-Money-Marken** reagiert. Diese Strategie der ‚neuen Mitte' kombiniert das Qualitäts- und Imageversprechen höherpreisiger Marken mit einem attraktiven Preis – ähnlich den Mehrwert-Handelsmarken. VFM-Marken positionieren sich also nicht allein über den Preis, sondern bieten durchaus einen „Added Value" im Imagebereich, da sie doch geführt werden wie klassische Markenartikel. Wie ein solcher Zusatznutzen aussehen kann, zeigt das Fallbeispiel „Value-for-Money-Zigaretten-Marken mit A-Markenwertgefühl". Aus Verbrauchersicht werden also in diesem Segment nicht nur monetäre Faktoren, sondern auch Effizienz- und Effektivitätsaspekte bei der Bewertung des Einkaufs berücksichtigt. Mit der korrekten Ansprache der richtigen Zielgruppe kann die Einführung einer VFM-Marke sehr lukrativ sein. Idealerweise kann man die Konsumenten ‚abschöpfen', die sich Premium-Produkte nicht leisten können oder wollen, aber sich mit Handels- oder Discountmarken nicht zufriedengeben. In unserer Beratungspraxis wurde im

Zusammenhang mit VFM-Marken der Begriff „Markenwertgefühl" geprägt, der den Grad beschreibt, wie gleichwertig Kunden eine VFM-Marke im Vergleich zur klassischen Premium-Marke der jeweiligen Produktkategorie wahrnehmen. Ideal ist dabei eine Kundenwahrnehmung in Form von „A-Markenwertgefühl", die quasi eine Gleichstellung zwischen VFM- und Premium-Marke bedeutet.

> **Fallbeispiel: Value-for-Money-Zigaretten-Marken mit „A-Markenwertgefühl"**
>
> Aufgrund der geringen Differenzierungsmöglichkeiten auf Produktebene ist die Wahl einer Zigaretten-Marke nach wie vor stark vom Markenimage abhängig. Premium-Marken-Ikone Marlboro ist in den meisten westeuropäischen Ländern noch unangefochtener Marktführer – allerdings meist mit sinkenden Marktanteilen. Die häufigen Preiserhöhungen, oft Kombinationen aus Steuererhöhungen und Aufschlägen der Hersteller, haben aber auch in diesem Markt Handelsmarken immer beliebter gemacht. Die großen Tabak-Hersteller antworteten darauf mit dem Ausbau von VFM-Marken in ihren Portfolios. Marken wie JPS (Imperial Tobacco), Pall Mall (British American Tobacco) oder L & M (Philip Morris) kommunizieren wie eine Premium-Marke, sind aber konsequent an einem niedrigeren Preispunkt positioniert (in Deutschland: 5,20 € gegenüber 5,60 € für Marlboro, für jeweils 19 Zigaretten, Stand September 2015). So können die Raucher einerseits Geld sparen und müssen andererseits nicht fürchten, in Gesellschaft eine völlig prestigelose Handelsmarken-Packung aus der Tasche zu ziehen – ein sehr starker emotionaler Zusatznutzen. In Deutschland und vielen anderen Märkten sind VFM-Marken stark gewachsen und gehören heute zu den Marken mit den höchsten Marktanteilen.

3.2.2 Disruption trifft Digitalisierung

Handels- und VFM-Marken werden in der überwiegenden Mehrheit von etablierten Marktakteuren angeboten und erweitern die Wettbewerbssituation eher innerhalb eines bestehenden Rahmens. Anders ist dies im Falle von disruptiven Angeboten. Bereits 1997 stellte **Clayton Christensen in „The Innovator's Dilemma"** sein Konzept der disruptiven Innovation vor. Seitdem ist **„Disruption"** zu einem der bekanntesten und meistgenutzten Begriffe in Management und Marketing geworden. Aufgrund des fast schon inflationären Gebrauches werden Angebote allerdings häufig fälschlicherweise als disruptiv klassifiziert (Paetz 2014, S. 5). Um unter dem Aspekt der Wettbewerbsanalyse disruptive Angebote identifizieren und einordnen zu können, wollen wir auf die für die Markenführung zentralen Ausführungen Christensens näher eingehen.

3.2 Dimension „Wettbewerb"

Die grundlegende Unterscheidung zur Einordnung einer Innovation nimmt Christensen in „sustaining" – erhaltend – und „disruptiv" vor. Erhaltende Innovationen beziehen sich stets auf die Verbesserung bestehender Angebote und zielen somit auch auf die bestehenden Kunden ab. Disruptive Innovationen bringen andererseits eine bisher noch nicht gekannte Angebotskombination auf den Markt. Meistens bieten sie (zumindest anfangs) eine schlechtere Leistung als bestehende Mainstream-Angebote und sprechen daher zunächst nur Nischen-Zielgruppen oder Nicht-Kunden an. Disruptive Angebote zeichnen sich typischerweise dadurch aus, dass sie günstiger, kleiner, einfacher und daher oft bequemer zu nutzen sind (Christensen 1997, S. xviii f.).

▶ Die Digitalisierung und die Infrastruktur des Internets fördern die Entwicklung disruptiver Angebote und Geschäftsmodelle, die einen besonders starken Einfluss auf die Wettbewerbssituation eines Marktes haben können.

In „The Innovator's Dilemma" wird Disruption u. a. besonders ausführlich anhand der Veränderungen am Markt für Computer-Festplatten im Zeitraum der 1970-1990er Jahre veranschaulicht. Ein weiteres Beispiel für die Wirkung von Disruption ist **Kodak**. Die Marke ist eines der prominentesten Opfer disruptiver Marktentwicklungen in Form der digitalen Fotografie, war aber über Jahrzehnte nach der Unternehmensgründung 1880 selbst ein „Serial Disruptor", der die Fotografie für den Massenmarkt erschloss (Paetz 2014, S. 27 ff.). Das Phänomen „Disruption" ist also nicht neu. Aufgrund der Digitalisierung und der Möglichkeiten des Internets ist seine Relevanz für die Markenführung aber sehr stark gestiegen. Denn genau die Kerneigenschaften disruptiver Innovationen – ein niedrigerer Preis sowie eine einfachere und bequemere Nutzung – können durch digitale und internetbasierte Angebote besonders effizient erfüllt werden (s. das Fallbeispiel „mytaxi – ein disruptives Geschäftsmodell").

Fallbeispiel: *mytaxi* – ein disruptives Geschäftsmodell

Nicht erst seit den Diskussionen um den US-Fahrdienst Uber steht das Taxi-Gewerbe im Fokus der Digitalisierung. Während Uber insbesondere in Europa mit juristischen Hürden zu kämpfen hat, konnte sich das deutsche Angebot mytaxi (mittlerweile in Besitz von Mercedes-Benz) den Spitzenplatz für die digitale Taxi-Vermittlung per Smartphone-App in Deutschland und einigen anderen europäischen Märkten erarbeiten. Das disruptive Potenzial des Angebots von mytaxi liegt insbesondere in der Neugestaltung der Wertschöpfungskette. Jahrzehntelang beherrschten Taxi-Rufzentralen den Markt, die die Vermittlung von Fahrten übernehmen. Die Fahrer müssen sich mit einer monatlichen Gebühr einkaufen, um von der Marktmacht einer Rufzentrale zu profitieren. Mytaxis Verfahren per App stellt im Gegensatz dazu eine direkte Verbindung zwischen dem Fahrgast und dem Fahrer her: https://de.mytaxi.com/fahrgast.html (mytaxi 2015a). Ersterer kommuniziert seinen Standort, das Fahrtziel und etwaige Sonderwünsche. Mytaxi vermittelt den nächstbefindlichen Fahrer, der dem Fahrgast dann in einem persönlichen Profil angezeigt wird. Fahrgäste können Fahrer nach jeder Tour auf einer 5-Punkte-Skala bewerten und außerdem Lieblingsfahrer vermerken, die für zukünftige Anfragen bevorzugt werden können. Als Fahrgast hat man also eine viel größere Kontrolle bei der Auswahl des Fahrers, die im Modell der Rufzentralen überhaupt nicht gegeben ist. Mittlerweile hat mytaxi auch die Zahlung per Kreditkarte und Paypal in die App integriert, sodass bargeldloses Zahlen stets möglich ist. Mit dieser Reihe von Vorteilen für den Fahrgast erfüllt mytaxi ein wesentliches Merkmal disruptiver Innovation: eine einfachere und bequemere Nutzung. Zusätzlich hat mytaxi die Branche mit seinem Preismodell aufgewirbelt. Während die etablierten Rufzentralen von den Fahrern einen monatlichen Fixbetrag verlangen, berechnet mytaxi eine Provision pro Fahrt. Für die Fahrer entstehen also nur Kosten, wenn sie auch Umsatz machen. Sie müssen nicht erst die Gebühr wieder ‚reinfahren', was das Angebot von mytaxi auch für sie attraktiv macht. Nach Angaben des Unternehmens nutzen bereits 40 % aller Taxifahrer in Deutschland die App (mytaxi 2015b). Eindeutig bleibt also festzuhalten: Von diesem disruptiven neuen Akteur im Taxigewerbe sind insbesondere die angestammten Platzhirsche der Rufzentralen betroffen.

Sind viele etablierte Branchen heute von Volatilität und Unsicherheit gekennzeichnet, gilt dies für disruptive Märkte und Segmente umso mehr. Vorhersagen seien hier immer falsch – das ist nach Christensen die einzige Sicherheit für Unternehmens-Entscheider, die in disruptiven Märkten agieren. Er empfiehlt daher in extrem unsicheren disruptiven Marktumgebungen, Pläne mit dem Ziel des Lernens zu formulieren, anstatt Pläne zur Umsetzung detailliert ausgearbeiteter Aktivitäten (Christensen 1997, S. 178 ff.). Diesen Aspekt des Lernens greifen wir auch in den Erfolgsfaktoren der agilen Markenführung wieder auf (s. Abschn. 5.2.4).

3.2.3 Social Commerce und die Share Economy

Eine weitere Entwicklung, die zur Entstehung neuer Anbieterformen und damit gesteigertem Wettbewerb geführt hat, ist die Vermischung der Rollen von Produzenten und Konsumenten. Diese wurde von Toffler (1980) bereits vor 35 Jahren

3.2 Dimension „Wettbewerb"

erstmals unter dem Begriff des „**Prosumenten**" beschrieben. Damals umfassten seine Thesen noch relativ kleine Überschneidungsbereiche, wie z. B. Selbstbedienung in Restaurants. Vor allem aufgrund der Entwicklung digitaler Marktplätze hat das Konzept in den letzten Jahren stark an Bedeutung gewonnen. Diese haben es Konsumenten ermöglicht, immer mehr Aspekte der Produktion und Vermarktung von Gütern zu übernehmen und bieten Käufern und Verkäufern die Möglichkeit, direkt miteinander zu kommunizieren. Als Gattungsbegriff für solche Plattformen hat sich „**Social Commerce**" etabliert. Ebay hatte lange Zeit seinen Geschäftsfokus auf dem Handel von Konsumenten zu Konsumenten, hauptsächlich mit gebrauchter Ware, und ist als eine der ersten großen Social Commerce-Plattformen bekannt und erfolgreich geworden. Vollwertige Konkurrenz haben Markenartikel-Hersteller aber erst durch Plattformen bekommen, auf denen es einzigartige Neuware zu kaufen gibt. Eine der bekanntesten dieser Plattformen ist aktuell Etsy. Das Angebot fokussiert sich auf handgemachte Artikel in den Produktkategorien „Kleidung", „Schmuck" und „Wohneinrichtung". Das 2005 in New York gegründete Unternehmen machte 2014 einen Bruttojahresumsatz von knapp 2 Mrd. US$ und bietet insgesamt 32 Mio. Artikel zum Kauf an (Etsy 2015). Ein erfolgreiches Beispiel für Social Commerce aus Deutschland ist Spreadshirt. Die Plattform ermöglicht die Erstellung und den Vertrieb eigener Druck-Designs für Kleidung und erzielt 70 Mio. € Umsatz bei einem Angebot von über 3 Mio. Produkten (Spreadshirt 2015). Abbildung 3.5 zeigt einen Ausschnitt des Angebots von Spreadshirt. Social-Commerce-Plattformen machen es möglich, eine fast unüberschaubare Anzahl an Nischenprodukten anzubieten, deren Verkauf über klassische nicht-digitale Kanäle nicht rentabel wäre.

▶ Social Commerce- und Share Economy-Plattformen vergrößern in ihren Produktkategorien das Angebot enorm und erlauben es einer Vielzahl von kleinen Anbietern oder auch Privatpersonen, relevante Marktakteure zu werden.

Eine ähnliche Entwicklung, die in einigen Branchen den Wettbewerb aufgewirbelt hat, ist die **Share Economy**. Das grundsätzliche Prinzip der Share Economy besteht darin, Gegenstände, die man nur selten braucht – das mit Abstand am meisten zitierte Beispiel ist eine Bohrmaschine – von Personen aus der Nähe zu leihen. Die Abwicklung des Teilens findet dabei über entsprechende Online-Plattformen statt, auf der Besitzer und Suchende zueinander finden. Dieser gemeinschaftliche und nachbarschaftlich geprägte Ansatz hat sich allerdings kaum durchsetzen können. Vielmehr sind die heute populärsten und erfolgreichsten Sharing-Plattformen stark kommerziell geprägt. Eines der prominentesten Beispiele ist Airbnb, das mit

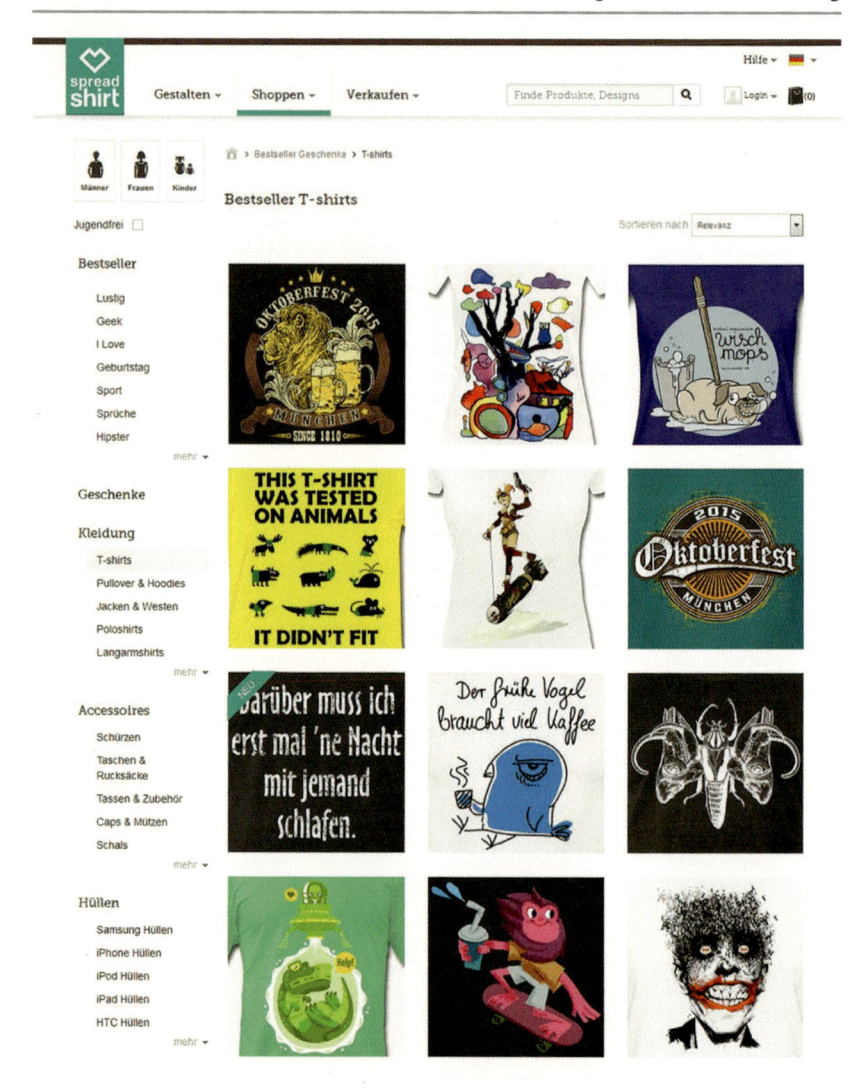

Abb. 3.5 Beispiel für die Produktauswahl im Spreadshirt Online-Shop. (Foto: sprd.net AG)

seinem Marktplatz für Übernachtungsmöglichkeiten von privat zu privat eine sehr ernst zu nehmende Konkurrenz für Hotels geworden ist. Geteilt wird hier zwar der Wohnraum, gezahlt wird aber klassisch wie im Hotel pro Nacht. (Fast Company 2015).

Ein anderer Bereich, bei dem Sharing-Angebote auf wachsende Akzeptanz stoßen, ist die Mobilität. Leih-Fahrrad-Systeme werden in den zentralen Teilen von Großstädten stark ausgebaut, sowohl von privaten als auch von öffentlichen Trägern. Für Kurzstrecken sind die Fahrrad-Angebote oft kostenlos, was wesentlich zu ihrer Beliebtheit beiträgt. Auch beim Car-Sharing wächst das Angebot kontinuierlich mit Anbietern, die zu großen Automobilherstellern gehören wie Drive-Now (BMW) oder Car2Go (Mercedes-Benz). Insgesamt deuten aktuelle Umfragen (PWC 2015) auf eine steigende Nachfrage nach Sharing-Angeboten in Deutschland hin. Knapp die Hälfte der Befragten hat schon einmal in den letzten zwei Jahren ein Share-Economy-Angebot genutzt. In Zukunft haben dies immerhin schon fast zwei Drittel der Befragten vor. Noch dominieren jüngere Nutzergruppen (unter 30 Jahren) die Nachfrage bei Sharing-Angeboten, das Interesse Älterer steigt aber ebenfalls.

Eine wichtige Währung der Share Economy ist Vertrauen. Im Falle von Airbnb bezieht sich das auf Fragen wie: Sieht die Übernachtungsgelegenheit tatsächlich so aus wie online versprochen? Kann ich dem unbekannten Gast meine eigenen vier Wände anvertrauen? Aufgrund dieser potenziellen Unsicherheiten ist das gegenseitige Bewerten von Leiher und Verleihendem auf Sharing-Plattformen ein integraler Bestandteil der Transaktion. Airbnb beispielsweise ermöglicht für den Gast die Ansicht seiner Bewertung durch den Gastgeber nur, wenn er selbst Feedback zu dem Gastgeber gibt. Sharing-Plattformen und die dortigen Profile können somit zu einem wichtigen Teil der Ich-Kampagne (s. Abschn. 3.1.2) werden. Denn wer auf den Plattformen schlecht wegkommt, wird es in Zukunft schwer haben, weiter an der Share Economy teilzuhaben.

3.3 Dimension „Marketingmittler"

Insbesondere in den Bereichen „Kommunikations-" und „Distributionspolitik" des Marketing-Mix sind Markenanbieter zur Umsetzung auf externe Partner, Institutionen, Medien und Plattformen angewiesen. Gerade die Dimension dieser Marketingmittler war und ist zahlreichen Veränderungen unterworfen. Welche das sind und welche Herausforderungen diese an die Markenführung stellen, klären wir in den folgenden Abschnitten.

3.3.1 Komplexe Medienlandschaft

Markenkommunikation ist in den meisten Unternehmen die Funktion, die am engsten mit Marketing verbunden wird. Gerade dieses Teilgebiet der Markenführung hat sich mit am stärksten gewandelt. Die Möglichkeiten, Markenbotschaften zu kommunizieren sind unheimlich vielfältig geworden. Keller (2013, S. 218) listet allein 56 Kommunikationsoptionen in zwölf verschiedenen Kategorien auf. Mit dieser Vielfalt und der steigenden Wettbewerbsintensität geht eine Zunahme der von Marken gesendeten Botschaften einher. Diese treffen allerdings auf eine gleichbleibende Aufnahme- und Verarbeitungskapazität der Menschen, die diese Botschaften erreichen sollen. Hinzu kommt, dass die Bereitschaft zur Aufnahme der Botschaften eher sinkt. Technische Entwicklungen wie Video-Streaming oder digitale Video-Rekorder ermöglichen es, „Unterbrecherwerbung" zu umgehen. Adblocker-Software unterbindet diverse Werbeformate in Internet-Browsern.

Viele der mittlerweile etablierten Online-Kommunikationskanäle stehen für einen fundamentalen Wandel in der Beziehung zwischen dem Sender und dem Empfänger kommerzieller Botschaften (s. Abschn. 3.1.2). Traditionelle Massenmedien wie TV und Printmedien sind gekennzeichnet durch Einbahnstraßenkommunikation mit dem aktiven Sender und dem passiven Empfänger. Online-Kanäle wie soziale Netzwerke, Blogs oder Foren verschaffen Kunden hingegen die Möglichkeit des direkten Dialogs mit Unternehmen und Marken. Außerdem bietet das Internet mit all seinen Kommunikationswerkzeugen und Suchfunktionen sehr effektive Möglichkeiten zur individuellen Auswahl von Informationen. Vor diesem Hintergrund wird die Kommunikationsstrategie des **Content-Marketings** immer häufiger eingesetzt. Der Fokus liegt dabei auf der Bereitstellung nicht werblicher, aber dafür nutzwertiger oder unterhaltender Inhalte durch ein Unternehmen bzw. eine Marke. Das Ziel des Content-Marketings besteht in der Bereitstellung relevanter Information für potenzielle Kunden anstelle der Erzeugung von Verkaufsdruck (Onlinemarketing Praxis 2015). Marken werden somit selbst zu Herausgebern von Inhalten. Das eigene Unternehmensblog ist mittlerweile branchenübergreifend fast schon Standard. Weiter geht z. B. Red Bull: Mit dem „Red Bulletin" gibt die Marke ein Lifestyle-Magazin für Männer heraus, das in Deutschland eine Druckauflage von über 300.000 Stück hat. Außerdem ist die Marke mit der digitalen Videoplattform redbull.tv und dem Fernsehsender ServusTV als Medienhaus aktiv.

Die **neue Medienvielfalt und das facettenreiche Kundenverhalten** (s. Abschn. 3.1.1) beeinflussen sich gegenseitig. Das Ergebnis hat große Auswirkungen auf die Kommunikation als Teil des Marketing-Mix. Viele der heute wertvollen Marken, wie z. B. Coca-Cola, McDonald's oder Mercedes-Benz, haben ihre starke Marktposition wesentlich im Zeitalter der traditionellen Massenmedien aufgebaut. Ihr attraktives Markenversprechen konnten sie mit einem entsprechenden Budget über die Massenmedien an eine ausreichend große Zielgruppe kommunizieren und diese u. a. auf diesem Wege von der Marke überzeugen. Dieser klassische Weg für den Aufbau und den Erhalt einer starken Marke ist heute nicht mehr so einfach möglich. Insbesondere jüngere Zielgruppen haben ihren Nutzungsschwerpunkt von traditionellen Massenmedien auf Online-Kanäle verschoben. Das komplexer gewordene Kundenverhalten und die Vielfalt an Medien erschwert Marken-Entscheidern die Auswahl der geeignetsten Kommunikationskanäle. Außerdem wird nicht nur die Auswahl der Medien anspruchsvoller. Jeder neue Kanal bedeutet auch Aufwand zur Erstellung von darauf abgestimmten Inhalten. Die dazu nötigen konzeptionellen, technischen und personellen Ressourcen muss ein Unternehmen meist neu aufbauen. Insgesamt sind also sowohl die strategischen als auch die operativen Anforderungen an die Markenkommunikation gestiegen.

▶ Die komplexe Medienlandschaft von heute erschwert die Option, mithilfe von Massenkommunikation eine starke Marke aufzubauen bzw. zu erhalten. Innerhalb des Marketing-Mix sind besonders im Bereich der Kommunikation immer mehr und immer häufiger strategische Entscheidungen zur Auswahl und Bespielung der Kommunikationskanäle zu treffen.

3.3.2 Verschmelzung der Vertriebskanäle

Ähnlich stark wie der Bereich „Medien und Kommunikation" wurden der Vertrieb und der Handel durch die Digitalisierung verändert. In der Wachstumsphase des Online-Handels dominierte noch ein Verständnis von getrennten Welten: einerseits klassische stationäre Handels- und Vertriebswege, andererseits der E-Commerce über das Internet. Diese Trennung verwässerte mit zunehmender Nutzung von Online-Vertriebskanälen mehr und mehr. Heute ist sie aus Kundensicht weitestgehend aufgehoben. Dafür ist in erster Linie die zunehmende Verbreitung des mobilen Internets über Smartphones verantwortlich. Kunden springen im Kaufentscheidungsprozess zwischen den verfügbaren Kanälen hin und her oder nutzen sie parallel. In der Literatur wurde für dieses Verhalten der Begriff **„Omni-Channeling"** geprägt (Heinemann 2013, S. 9). Die Vorteile des Omni-Channeling aus Kundensicht sind insbesondere: Zugriff auf eine große Informationsvielfalt, eine breite Produktauswahl und Bequemlichkeit beim Bestell- und Kaufvorgang. Damit geht aufseiten der Kunden eine neue Erwartungshaltung einher: Ob online informiert und im Ladengeschäft gekauft oder online bestellt und in der Filiale abgeholt – der Kaufprozess soll möglichst flexibel sein (Heinemann 2013, S. 18 ff. und Deloitte 2014, S. 5). Die erfolgreiche Verknüpfung von Vertriebskanälen zeigt das Fallbeispiel „Omni-Channeling bei Burberry".

> **Fallbeispiel: Omni-Channeling bei Burberry**
>
> Das britische Luxus-Modelabel Burberry gilt als eine der führenden Marken bei der erfolgreichen Implementierung eines Omni-Channel-Kauferlebnisses in seiner Branche. Die Verknüpfung von online und „realer Welt" ist sehr weit fortgeschritten und bietet sowohl dem Kunden als auch der Marke und seinen Angestellten Mehrwerte. Dies zeigt die Video-Vorstellung des Flagship-Stores in London: https://de.burberry.com/modeschauen-events/live-at-121-regentstreet/#/flagship/1 (Burberry 2015). So sind u. a. im Flagship-Store alle Verkäufer mit Tablets ausgestattet. Sie können damit die Kaufhistorie der Kunden einsehen, dem Kunden Produktinformationen zur Verfügung stellen oder die Artikelverfügbarkeit prüfen, um eine persönlichere Beratung bieten zu können. Mikrochips an den Artikeln können mit den Videowänden in den Läden kommunizieren: Je nachdem, welche Artikel der Kunde gerade in der Hand hat, können z. B. passende Szenen einer Modenschau gezeigt werden. Auf innovative Art hat Burberry außerdem seine Modenschauen mit ihrem E-Commerce-Angebot verknüpft. Unter dem Titel „Shop the Runway" war es z. B. direkt im Anschluss an eine Show auf der London Fashion Week möglich, die dort gezeigten Stücke innerhalb eines Zeitfensters von zwei Wochen im Onlineshop von Burberry zu kaufen (Luxurydaily 2014; PWC 2013; Maginus 2015).

Eine besonders große Herausforderung, die aus dem Omni-Channeling für Markenanbieter entsteht, ist eine fast perfekte **Preistransparenz für den Kunden**. Online machen Preisvergleichsplattformen die Suche nach dem niedrigsten Preis sehr einfach. Auch im stationären Handel ist ein Preisvergleich über das Smartphone nur ein paar Klicks entfernt. Die meisten dieser Plattformen sind mittlerweile für viele Produkte und Dienstleistungen selbst wichtige Vertriebskanäle geworden. Sie beschränken sich nicht nur auf die Vergleichsfunktion, sondern ermöglichen direkt den Kauf bzw. Vertragsabschluss.

Auf das Bedürfnis der Kunden nach einem nahtlosen Kaufprozess haben viele Markenanbieter mit einer **Vertikalisierung** ihres Angebots reagiert und sind selbst zu Händlern geworden. So ist der eigene Onlineshop als Alternative zu reinen E-Commerce-Akteuren wie Amazon oder Zalando mittlerweile fast Standard. Mehr und mehr Marken, die lange exklusiv auf den Vertrieb über stationäre Handelspartner gesetzt haben, betreiben nun auch eigene Filial-Standorte. Daraus entsteht in Kombination mit den anderen dargestellten Entwicklungen im Vertriebsbereich zusätzliche Komplexität, die die Gesamtanforderungen an die Markenführung und die Umsetzung im Marketing-Mix weiter steigert.

▶ Kunden unterscheiden im Kaufentscheidungsprozess nicht mehr zwischen Online- und Offline-Kanälen. Marken müssen heute ein nahtloses Einkaufserlebnis bieten, das relevante Informationen mit einem bequemen Bestell- bzw. Kaufprozess verbindet.

3.4 Vernetzte Märkte als die Gesamtherausforderung für Marken

Treten wir einen Schritt zurück und schauen uns die Gesamtsituation an, die aus den Entwicklungen in den drei dargestellten Dimensionen entsteht (s. Abb. 3.6): Es zeigen sich eine Vielzahl von Beziehungen und Abhängigkeiten. Die Marktakteure von heute sind in vielerlei Hinsicht untereinander verbunden. Vor diesem Hintergrund von Märkten als dem „Spiel zwischen Angebot und Nachfrage" zu sprechen, ist ein viel zu grober Blick auf das Geschehen. Eine einzelne Marke ist vielmehr ein Teil des komplexen Netzwerkes, aus dem Märkte heute aufgebaut sind. Die Interaktionen und Vernetzungen sind fast endlos: Händler führen schon lange eigene Marken und treten aktiv in Konkurrenz zu Markenartiklern. Immer mehr Marken werden durch die Vertikalisierung ihrer Wertschöpfungskette aber andererseits selbst zu Händlern. Betreibt eine Marke Content-Marketing, schafft sie sich ihr eigenes Medium und braucht u. U. für die Kommunikation ihrer Botschaften keinen Mittler mehr. Kunden haben dafür in Sachen Markenkommunikation dank digitaler und sozialer Medien den Unternehmen ein Stück der Kommunikations-

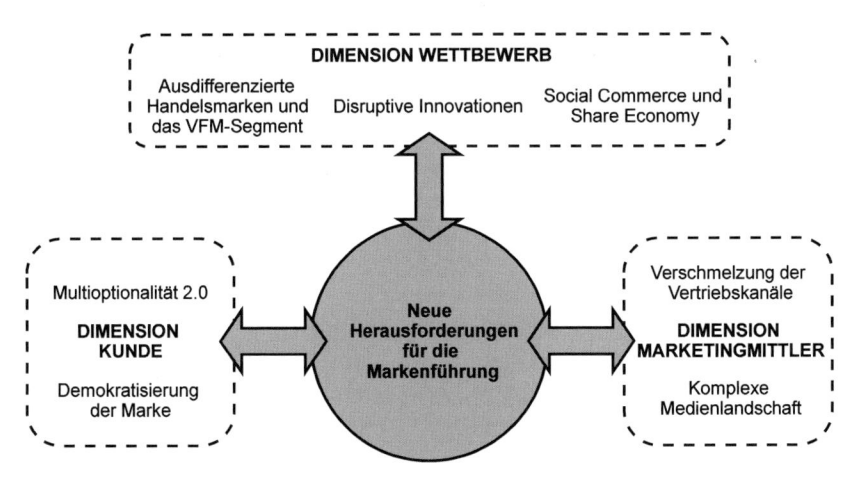

Abb. 3.6 Neue Herausforderungen für die Markenführung im Überblick

hoheit abgenommen. Über Social Commerce- oder Sharing-Plattformen und durch Co-Creation und Crowdsourcing können Kunden auch immer mehr Aspekte des Marketings neben der Kommunikation mitbestimmen. Dabei verschwimmen die Grenzen zwischen Anbieter und Nachfrager, oder Akteure wechseln permanent zwischen den beiden Rollen hin und her. Als Teil ihrer persönlichen Ich-Kampagne kombinieren und wechseln Menschen heute Marken nach Lust und Laune. Aber auch Marken tun sich über Co-Branding und Kooperationen gezielt zusammen, um Kunden ein besonderes Markenerlebnis zu bieten.

„Herausforderung" kann als Begriff schnell negativ besetzt sein. Man muss sich mit etwas Neuem auseinandersetzen, obwohl man sich in der aktuellen Situation vielleicht gerade erst komfortabel eingerichtet hat. Da wird die Herausforderung schnell zum Problem. Das Szenario vernetzter Märkte stellt mit Sicherheit für viele Marken eine große Herausforderung dar, da die Marke durch die Transparenz der Märkte ein Stück weit ihren lange geltenden Hoheitsraum verloren hat. Aus diesen Veränderungen ergeben sich aber auch Chancen, die es für Marken zu ergreifen gilt. Viele Stimmen – auch wir in Abschn. 3.2 – machen auf eine verschärfte Wettbewerbssituation aufmerksam. Das gilt aber für jeden Akteur. Jeder Marke, ob Newcomer oder Marktführer, steht die Möglichkeit zum ‚Angriff' auf neue Märkte und Zielgruppen offen. Das Vernetzen und Kooperieren mit anderen Marktakteuren kann zum allerseitigen Gewinn beitragen. Nicht zuletzt auch für den Kunden, wenn sich aufgrund der gestiegenen Transparenz und eines ausgeglicheneren Informationsstandes die wertigsten, nützlichsten oder unterhaltsamsten Angebote durchsetzen.

Gleichzeitig ist es heute einfacher denn je, seinen Kunden wirklich kennenzulernen und sogar mit ihm in Kontakt zu treten. Millionen von Datenpunkten, explorative Insight-Forschung und die Möglichkeit der direkten Kommunikation mit dem Kunden bieten ein Vielfaches der Möglichkeiten früherer Zeiten.

Fazit: neue Herausforderungen für die Markenführung

Komplexität und Unsicherheit sind zwei Faktoren, die viele Aspekte der Markenführung heute kennzeichnen und aus denen eine Reihe von Herausforderungen entsteht. Das Kundenverhalten ist sehr vielfältig und situativ. Ein und dieselbe Person entscheidet gerne je nach Produktkategorie nach anderen Mustern, die Markenbindung sinkt. Diesem multioptionalen Kunden steht heute eine Auswahl an Angeboten gegenüber, die größer ist als je zuvor. Die Folge: Die Wettbewerbsintensität auf vielen Märkten steigt. Aufgrund von Globalisierung und Digitalisierung sinken Markteintrittsbarrieren. Internettechnologien ermöglichen quer durch viele Branchen eine besonders effiziente Entwicklung neuer disruptiver Angebote und Geschäftsmodelle. Für mehr Wettbewerb um die Käufergunst sorgen außerdem stark ausdifferenzierte Handelsmarken-Angebote sowie Social Commerce- und Share Economy-Plattformen, die online die Produktvielfalt weiter steigern. Ebenso komplex ist heute die Ausgangssituation für die Markenkommunikation. Immer mehr Kommunikationskanäle führen zu einer fragmentierten Mediennutzung, die die Zusammenstellung des richtigen Medien-Mix erschwert. Die Markenführung muss daneben auf den Wunsch der Kunden nach einem nahtlosen Einkaufserlebnis eingehen. Es gilt, Online- und Offline-Vertriebskanäle im Kaufentscheidungsprozess zu verschmelzen, da aus Sicht der Kunden eine Trennung beider Welten nicht mehr besteht.

Literatur

Antenne. (2015). Selfie-Fieber: So viel Zeit verschwenden Frauen mit dem optimalen Selbstporträt. http://www.antenne.de/experten-tipps/lifestyle/selfie-fieber-so-viel-zeit-verschwenden-frauen-mit-dem-optimalen-selbstportraet. Zugegriffen: 23. Sept. 2015.

AutoBild. (2015). Hier kommen die Klassenbesten. http://www.autobild.de/artikel/die-besten-autos-in-zehn-klassen-5930353.html. Zugegriffen: 10. Sept. 2015.

bevh. (2014). Die Wirtschaftslage im deutschen Interaktiven Handel B2C 2013/2014. http://www.bevh.org/uploads/media/140610_bevh_Boniversum_Presse-Studienauszug_B2C_Studie_2013–2014.pdf. Zugegriffen: 03. Sept. 2015.

Bruhn, M. (2012). Handelsmarken – Erscheinungsformen, Potenziale und strategische Stoßrichtungen. In J. Zentes, B. Swoboda, D. Morschett, & H. Schramm-Klein (Hrsg.), *Handbuch Handel* (S. 543–563). Wiesbaden: Springer Gabler.

Bundesvereinigung der Deutschen Ernährungsindustrie. (2015). Jahresbericht 2014_2015. http://www.bve-online.de/presse/infothek/publikationen-jahresbericht/jahresbericht-2015. Zugegriffen: 01. Sept. 2015.

Burberry. (2015). 121 Regent street flagship. https://de.burberry.com/modeschauen-events/live-at-121-regent-street/#/flagship/1. Zugegriffen: 30. Okt. 2015.

Christensen, C. (1997). *The innovator's dilemma*. New York: Harper Business.

Cordts, A., et al. (2013). Imageprobleme beeinflussen den Konsum. *Fleischwirtschaft, 7*, 59–63.

Deloitte. (2014). Die Chance Omnichannel. http://www.zukunftdeshandels.de/sites/all/themes/feed/img/Omnichannel-Report.pdf. Zugegriffen: 11. Sept. 2015.

Deutsches Patent und Markenamt, D. P. (2014). Jahresbericht 2014. http://www.dpma.de/docs/service/veroeffentlichungen/jahresberichte/dpma_jahresbericht2014.pdf. Zugegriffen: 03. Sept. 2015.

EHI Retail Institute. http://www.handelsdaten.de/lebensmittelhandel/artikelzahl-der-grossen-supermaerkte-jahresvergleich. Zugegriffen: 03. Sept. 2015.

Etsy. (2015). Über Etsy. https://www.etsy.com/de/about. Zugegriffen: 09. Sept. 2015.

Fast Company. (2015). The „Sharing Economy" is dead, and we killed it. http://www.fastcompany.com/3050775/the-sharing-economy-is-dead-and-we-killed-it. Zugegriffen: 23. Sept. 2015.

Haller, P., & Twardawa, W. (2014). *Die Zukunft der Marke – Handlungsempfehlungen für eine neue Markenführung*. Wiesbaden: Springer Gabler.
Heinemann, G. (2013). *No-line-handel*. Wiesbaden: Springer Gabler.
Hyundai. (2015). Hyundai steigert Flottenzulassungen und Privatkundenanteil. http://www.hyundai.de/News/Unternehmen/Hyundai-steigert-Flottenzulassungen-und-Privatkund.html?overview=/News. Zugegriffen: 10. Sept. 2015.
Kapferer, J.-N. (2012). *The new strategic brand management – advanced insights & new strategic thinking* (5. Aufl.). London: Kogan Page.
Keller, K. L. (2013). *Strategic brand management – building, measuring and managing brand equity* (4. Aufl.). Harlow: Pearson.
K-Hole. (2013). Youth mode – a report on freedom. http://khole.net/dl?v=4. Zugegriffen: 02. Sept. 2015.
Kotler, P., & Armstrong, G. (2013). *Principles of marketing* (15. Aufl.). Harlow: Pearson.
Lewitt, T. (1975). Marketing myopia. *Harvard Business Review, 53*(5), 1–14.
Luxurydaily. (2014). Burberry delivers faster fashion with ecommerce feature. http://www.luxurydaily.com/burberry-delivers-faster-fashion-with-ecommerce-feature/. Zugegriffen: 13. Sept. 2015.
Maginus. (2015). Which luxury retailers are getting omnichannel right and why? http://www.maginus.com/news/blog/luxury-retailers-are-getting-omnichannel-right/. Zugegriffen: 13. Sept. 2015.
McGrath, R. G. (2013). *The end of competitive advantage – how to keep your strategy as fast as your business*. Boston: Harvard Business Review Press.
mytaxi. (2015a). Fahrgast. https://de.mytaxi.com/fahrgast.html. Zugegriffen: 30. Okt. 2015.
mytaxi. (2015b). Über mytaxi. https://de.mytaxi.com/jobs/ueber-mytaxi.html. Zugegriffen: 18. Sept. 2015.
Paetz, P. (2014). *Disruption by design – how to create products that disrupt and then dominate markets*. New York City: Apress.
Praxis, O. (2015). Definition content marketing. http://www.onlinemarketing-praxis.de/glossar/content-marketing. Zugegriffen: 23. Sept. 2015.
PWC. (2013). Profitable growth in a digital age – from multi-channel to total retail. https://www.pwc.se/sv/detaljhandel/assets/profitable-growth-in-a-digital-age-from-multi-channel-to-total-retail.pdf. Zugegriffen: 13. Sept. 2015.
PWC. (2015). Share Economy – Repräsentative Bevölkerungsumfrage 2015. http://www.pwc.de/de/digitale-transformation/assets/pwc-bevoelkerungsbefragung-share-economy.pdf. Zugegriffen: 06. Okt. 2015.
Rennhak, C. (2014). Konsistent, hybrid, multioptional, paradox? – Einsichten über den Konsumenten von heute. In M. Halfmann (Hrsg.), *Zielgruppen im Konsumentenmarketing – Segmentierungsansätze – Trends – Umsetzung* (S. 177–186). Wiesbaden: Springer Fachmedien.
Simonson, I., & Rosen, E. (2014). *Absolute value*. New York: HarperCollins.
Spreadshirt. (2015). Das Unternehmen. http://www.spreadshirt.de/unternehmen-C2410. Zugegriffen: 09. Sept. 2015.
Statista. (2015a). Marktanteil von Hyundai an der globalen Automobilproduktion in den Jahren 1999 bis 2014. http://de.statista.com/statistik/daten/studie/216601/umfrage/marktanteil-von-hyundai-an-der-automobilproduktion/. Zugegriffen: 10. Sept. 2015.
Statista. (2015b). Ranking der Autohersteller mit den höchsten Bruttowerbeausgaben in Deutschland im Jahr 2014. http://de.statista.com/statistik/daten/studie/222134/umfrage/bruttowerbespendings-im-pkw-markt/. Zugegriffen: 10. Sept. 2015.

Literatur

Toffler, A. (1980). *The third wave – the classic study of tomorrow*. New York: Bantam Books.

Wirtschaftswoche. (2013). Die Erfolgsstory von PC-Marktführer Lenovo. http://www.wiwo.de/unternehmen/handel/brandindex-die-erfolgsstory-von-pc-marktfuehrer-lenovo/8525800.html. Zugegriffen: 23. Sept. 2015.

Zeit Magazin. (2014). Die Besserbürger. http://www.zeit.de/zeit-magazin/2014/39/designstil-geschmack. Zugegriffen: 01. Sept. 2015.

Zeit Online. (2013). Wer isst was? http://www.zeit.de/lebensart/essen-trinken/2013-10/infografik-artikel-ernaehrungsarten. Zugegriffen: 01. Sept. 2015.

Zukunftsinstitut. (2014). Food report 2015. Zukunftsinstitut/Lebensmittel Zeitung, Frankfurt.

Konsequenzen für die Markenführung 4

Zusammenfassung

Die auf Kontinuität und Konsistenz ausgerichteten Instrumente der Markenführung stehen heute im Spannungsfeld zur Dynamik der Märkte. Damit die Markenführung in Zukunft auch im Angesicht dieses Spannungsfeldes ein Wert- und Erfolgstreiber für Unternehmen sein kann, muss sie sich weiterentwickeln. Drei Faktoren stehen dabei im Vordergrund: hohe Komplexität, geringe Handlungsorientierung und fehlende Anpassungsfähigkeit.

4.1 Warum die Markenführung weiterentwickelt werden muss

Ob im Kundenverhalten, in der Wettbewerbs-, Medien- und Vertriebslandschaft – die Geschwindigkeit und die Anzahl an Veränderungen haben zugenommen. Vor diesem in Kap. 3 ausführlich dargelegten Hintergrund hochgradig vernetzter Märkte bleibt die Aufgabe der Markenführung aber dieselbe: die Marke über die Erzeugung von Brand Equity zu einem wichtigen Ertragstreiber zu machen. **Dabei entsteht ein unmittelbares Spannungsfeld:** Die Netzwerke der Märkte sind gekennzeichnet durch Volatilität und Dynamik. Neue Strukturen entstehen, oder Akteure kommen ins Spiel. Beziehungen zwischen Marktakteuren reißen ab oder werden neu aufgebaut. Der Bedarf an schnellen, aber effektiven Entscheidungen steigt. Dem stehen die Instrumente der Markenführung gegenüber. Diese haben sich über einen relativ langen Zeitraum bis heute kaum verändert und stehen für Konsistenz- und Kontinuitätsdenken (s. Abschn. 2.2).

Die geringe Weiterentwicklung der Markenführungs-Instrumente ist im Grunde genommen aber nicht verwunderlich. Sie haben teils über Jahrzehnte sehr gut funktioniert, denn sie waren optimal auf die Bedingungen ihrer Entstehungszeit ausgerichtet. Das Wettbewerbsumfeld war relativ stabil, ebenso die Kundenbedürfnisse. Unternehmen besaßen die weitgehende Kommunikationshoheit. Unter diesen Bedingungen war eine langfristige Planung möglich und rein auf Kontinuität und Konsistenz ausgerichtete Marken-Modelle waren die logische Konsequenz. Diese Bedingungen sind heute Vergangenheit. Auf einem Fachvortrag berichtete ein Manager des Wurstherstellers „Rügenwalder Mühle" in diesem Zusammenhang, dass einer seiner ersten TV-Spots fast die ganzen 1990er-Jahre unverändert ausgestrahlt wurde. So etwas wäre heute undenkbar. Was das Spannungsfeld allerdings noch verstärkt, ist die Tatsache, dass gerade aufgrund der vielen Veränderungen Marken umso mehr Orientierung für den Kunden und nach innen ins Unternehmen geben müssen. Denn nur so kann eine Marke angesichts immer neuer Umstände und Situationen agieren, anstatt nur zu reagieren und so Gefahr zu laufen, ihre Stärke durch Wankelmütigkeit und Beliebigkeit zu verlieren. Die Orientierungsfunktion der Markenführung muss also für Entscheidungsfähigkeit sorgen, anstatt sich selbst auf einen Kontrollmechanismus zu reduzieren.

Auf das beschriebene **Spannungsfeld zwischen Kontinuität und Dynamik** wurde im Marketing bisher vor allem auf rein operativer Ebene reagiert – häufig auf Einzelfallbasis. Ein Beispiel dafür ist die weit verbreitete Einführung von Leitlinien für den Umgang von Mitarbeitern mit sozialen Medien. Diese können sehr umfangreich sein und sind ähnlich wie Markenhandbücher, die das Corporate Design detailliert festlegen, mehr ein Kontroll- als ein Gestaltungswerkzeug. Gerade ein solcher Umgang mit den zahlreichen neuen Kommunikations- und Vertriebskanälen erhöht das Risiko der gefürchteten Silo-Bildung innerhalb der Unternehmensorganisation und erschwert die Schaffung eines konsistenten Markenerlebnisses.

Vor diesem Hintergrund sind in den letzten Jahren erste Stimmen aus Praxis und Wissenschaft laut geworden, die ein grundlegendes Überdenken der etablierten Markenführungs-Instrumente fordern. 2012 brachte das Journal of Brand Management eine Spezialausgabe heraus, die sich ausschließlich mit dem Wandel der Markenführung bzw. mit dem Bedarf daran auseinandersetzte. Einer der dort erschienenen Beiträge war direkt und provozierend betitelt mit: „Is it time to reposition positioning?" (Jowitt und Lury 2012).

Um sich Fragen wie diesen empirisch zu nähern, haben die Autoren eine Studie zum Status quo des Markenpositionierungs-Konzeptes unter deutschen Unternehmens-Entscheidern durchgeführt (Creative Advantage 2014). Die Ergebnisse zeigen erste Ansatzpunkte zur Weiterentwicklung und sind unter „Studie: Markenpositionierung – Bedeutung für den Erfolg einer Marke in dynamischen Märkten" zusammengefasst.

4.1 Warum die Markenführung weiterentwickelt werden muss

Studie: Markenpositionierung – Bedeutung für den Erfolg einer Marke in dynamischen Märkten

Befragt wurden im Rahmen der Studie Geschäftsführer/Vorstände, Marketingleiter und Mitarbeiter aus den Bereichen „Marketing" und „Strategie" deutscher Unternehmen mithilfe eines Online-Fragebogens. Die Erhebung erfolgte im Juli und August 2014. Insgesamt haben 236 Entscheider den Fragebogen bearbeitet, die in einem vielfältigen Branchenmix aus dem B2C- und B2B-Bereich beschäftigt sind.

Fast zwei Drittel der befragten Unternehmen nutzen ein Positionierungsmodell zur Dokumentation ihrer Markenpositionierung, welches in 50 % der Fälle in einem Abstand von mehreren Jahren überarbeitet wird. Mehrheitlich basiert die Positionierung auf einem von dem Unternehmen selbst entwickelten Modell, das inhaltlich in einem Prozess mit einem externen Partner erarbeitet wird. Diese Ergebnisse bestätigen, dass das Konzept der Markenpositionierung bei der deutlichen Mehrheit der deutschen Unternehmen, sowohl im B2C- als auch im B2B-Bereich, fest etabliert ist und bei den befragten Unternehmens- und Marketing-Entscheidern auch einen hohen Stellenwert als Erfolgsfaktor genießt.

Die Erstellung einer Markenpositionierung erfolgt bei der großen Mehrheit der befragten Unternehmen unter Beteiligung weniger Fachbereiche. Häufig übernehmen Marketing und Geschäftsführung isoliert diese Aufgabe. Jedes zweite Unternehmen verzichtet auf die Beteiligung des Vertriebs, der engsten Verbindung eines Unternehmens zum Kunden. Die Stärke des Einflusses der Markenpositionierung variiert je nach Unternehmensbereich. Starken Einfluss wird ihr in Marketing-nahen Bereichen und in der Unternehmensstrategie beigemessen, während sie für Marketing-ferne Bereiche – die auch sehr selten am Erstellungsprozess beteiligt sind – nur sehr geringe Bedeutung hat. Auch im Marketing-Mix ist keine durchgehend hohe Bedeutung der Positionierung festzustellen. Auf Markenführung und Kommunikation ist der Einfluss zwar sehr hoch, er nimmt aber in Produkt-, Preis- und Distributionspolitik teilweise stark ab. Hieran zeigt sich relativ deutlich, dass das Instrument der Markenpositionierung im Bereich der Handlungsorientierung Verbesserungspotenzial hat (s. Abschn. 4.1.2).

Die Marke und die Positionierung werden von der großen Mehrheit der befragten Entscheider als wichtige Erfolgsfaktoren eingestuft. Die Studienteilnehmer fühlen sich mit ihrer Markenpositionierung auf Basis ihres genutzten Modells weitgehend gut gerüstet, um auch in Zukunft eine relevante Differenzierung im Markt zu erreichen. Als größter Schwachpunkt wird der relativ geringe Nutzen der Markenpositionierung als Entscheidungshilfe bei grundlegenden Marktveränderungen gesehen.

Unter den führenden Marken-Experten ist Jean-Noel Kapferer besonders kritisch gegenüber den etablierten Markenmodellen. Viele Unternehmen seien unzufrieden mit den von ihnen verwendeten Instrumenten zur Markenführung. Angesichts der vielen Herausforderungen für Marken (s. Kap. 3) ist aus seiner Sicht der Grund dafür leicht erklärt: Die Modelle würden einfach nicht mehr funktionieren (Kapferer 2012, S. 172). Was hat zur Formulierung solcher Thesen geführt? An welchen Faktoren wird der Weiterentwicklungsbedarf von Markenführungs-Instrumenten besonders deutlich? Wie genau müssen sich die Markenführungs-Instrumente weiterentwickeln, um auch in Zukunft Treiber für den Unternehmenserfolg zu sein? Mit den Antworten auf diese Fragen beschäftigen wir uns in den folgenden Abschnitten.

4.1.1 Hohe Komplexität

Auf die zunehmende Komplexität der Marktumwelt hat die Marketing-Community mit zunehmend komplexeren Marken-Modellen geantwortet. Reichte in den ‚guten, alten Zeiten' noch ein Einzeiler als USP- oder Positionierungs-Statement, wurden die Modelle immer vielschichtiger und detaillierter. Uns selbst als Markenberater wollen wir in dieser Problematik nicht ausnehmen, verwendeten wir doch lange Jahre ein Modell in Anlehnung an den „Unilever Brand Key" mit insgesamt acht zu definierenden Elementen. Diese Anzahl an Elementen liegt nach unseren Erfahrungen im Mittelfeld bei einem Vergleich gängiger Modelle. Der Detaillierungsgrad kann also noch höher ausfallen. In unserer Beratungspraxis begegnete uns in einem Fall ein sehr komplexes „Marken-Haus" mit insgesamt zwölf Elementen. Ein anderes erlebtes Beispiel für hohe Komplexität war ein Unternehmen im Konsumgüterbereich. Es hatte sowohl seine Dachmarke als auch sämtliche Produktmarken anhand eines Markenmodells inhaltlich definiert. Das Resultat: eine zweistellige Anzahl an ausgefüllten Markenmodellen. Sehr gewissenhaft und detailliert ausgearbeitet, aber inhaltlich sehr schwierig zu erschließen. Besonders die einzelnen Produktmarken waren sich in ihren Definitionen sehr ähnlich.

▶ Viele der heute gängigen Markenmodelle weisen eine hohe Komplexität auf. Diese resultiert in einer Reihe von Nachteilen und lässt die strategische Positionierung einer Marke zu einer formalen Übung verkommen.

Die teilweise **ausufernde Komplexität** hat gleich mehrere Nachteile. Vor allem leidet darunter die Verständlichkeit der Modelle. Je mehr Elemente ein Modell hat, desto größer ist die Wahrscheinlichkeit von Redundanz. Dies kann die inhaltliche Entwicklung einer Marke enorm erschweren. Wie in Abschn. 2.2.1 gezeigt, sind in vielen Positionierungsmodellen die Elemente „Markenwerte" und „Markenpersönlichkeit" zu definieren. Worin liegt aber nun der Unterschied zwischen der Persönlichkeit und den Werten einer Marke? Zieht man die Analogie zum Menschen, ist nicht die Persönlichkeit das von anderen wahrgenommene Ergebnis der Handlungen eines Menschen auf Basis seiner individuellen Werte? Solche nicht eindeutigen Abgrenzungen können für lange Diskussionen sorgen und den Aufwand des Entwicklungsprozesses deutlich erhöhen.

Außerdem kommt noch ein sehr menschliches Problem hinzu. Je mehr Kästchen man in einem Modell ausfüllen muss, desto schneller kann die Motivation dazu sinken. Der Aufbau vieler Modelle macht es jedoch einfach, einen Mangel an Gründlichkeit und Denkarbeit zu kaschieren. Meistens gibt es ein zentrales Ele-

4.1 Warum die Markenführung weiterentwickelt werden muss

ment mit der höchsten Wichtigkeit – sei es der Markenkern, die Markenessenz oder die Brand Proposition. Auf die Definition dieses Elementes wird – zu Recht – die meiste Zeit verwendet. Ist hierfür eine Wahl getroffen, besteht die Möglichkeit, alle anderen Elemente rückwärts, ausgehend vom zentralen Element, zu definieren. Dies resultiert zwar in einer vordergründigen Konsistenz, da alle Inhalte des Modells gut zueinanderpassen und keine Widersprüche auftauchen. Die strategische Definition der Marke verkommt so aber mehr zu einer formalen Übung, anstatt ein relevanter Treiber für den Unternehmenserfolg zu sein (Kapferer 2012, S. 172 f.).

Obwohl Markenpositionierungs-Modelle aus vielen Elementen bestehen können, bezieht sich die große Mehrheit der Elemente auf die Marke selbst. So wird versucht, die Marke aus allen möglichen Blickwinkeln zu beleuchten, um ein möglichst umfassendes Bild zu erhalten. Dies kann in einer detailverliebten ‚Nabelschau' enden und einen angesichts der turbulenten Märkte unverhältnismäßig starken Fokus auf die Innensicht der Marke lenken. Diese greift allerdings zu kurz. Trotz der ausführlichen Innensicht dreht sich ein großer Teil des Inhalts von Markenpositionierungen um nicht greifbare Elemente einer Marke. Grundidee der etablierten Positionierungsmodelle war es, dem Konstrukt „Marke" Menschlichkeit zu verleihen – wie über die Definition einer Identität mit Werten und Persönlichkeit. Diese Elemente sind eng mit dem Aufbau eines Markenimages verbunden. Gerade dieser Aspekt wird von den heute immer kritischeren und anspruchsvolleren Kunden (s. Abschn. 3.1) damit verbunden, dass sich eine Marke einen positiven ‚Anstrich' verpassen will, der mit dem tatsächlichen Markenerlebnis weniger zu tun hat.

Der Mehrheit der Marken wird mit dieser Vermutung Unrecht getan. Sie vermarkten tatsächlich das, was sie auch leisten. Im Gegenteil: Wir sehen ein größeres Problem darin, dass Marken ihre eigene Leistungsfähigkeit aus den Augen verlieren. Eines der prominenteren Beispiele mit Happy End ist hier sicherlich die Marke LEGO (s. ausführlich in Abschn. 5.2.4). Der Versuch, die beliebten Bauklötze in digitalen Hype zu verwandeln, hat das Unternehmen fast mit seiner Existenz bezahlt. Es gilt heute mehr denn je, dass eine Marke bei der Festlegung ihrer grundlegenden Strategie die eigene Leistungsfähigkeit nicht vernachlässigen darf. Was können wir besonders gut? Was ist mein unbedingtes Leistungsversprechen gegenüber meinen Kunden, das ich in jedem Fall erfülle? Was ist die Selbstverpflichtung, hinter der jeder im Unternehmen steht? Denn die unbedingte Erfüllung des Leistungsversprechens ist aufgrund erhöhter Transparenz durch den Austausch über soziale Medien sowie über Ratings und Reviews bei der Kaufentscheidung wieder stärker in den Vordergrund gerückt.

Ein zweiter Aspekt, der trotz der Komplexität vieler Positionierungsmodelle ebenfalls oft vernachlässigt wird, ist eine **direkte Wettbewerbsperspektive**. Meist werden das Wettbewerbsumfeld zwar definiert und differenzierende Merkmale und Eigenschaften einer Marke festgelegt. Aber eine echte Wettbewerbsorientierung findet nicht statt, da die laufenden Aktivitäten des Wettbewerbs keine Rolle spielen und so nicht auf die Position der eigenen Marke im Markt eingegangen werden kann.

> Insgesamt verführen klassische Positionierungsmodelle häufig dazu, sich zu sehr mit der Innensicht der Marke selbst zu beschäftigen, womit sie angesichts des Netzwerk-Charakters von Märkten nicht mehr den bestehenden Anforderungen gerecht wird.

4.1.2 Geringe Handlungsorientierung

Wie in Abschn. 2.2.1 dargestellt, haben Markenmodelle klassischer Bauart grundsätzlich die Funktion, die Leitlinien für sämtliche Marketingaktivitäten aufzustellen. Ein großes Hindernis stellt dabei allerdings die eben erläuterte Komplexitätsproblematik dar. Sind die Inhalte eines Markenmodells missverständlich oder ist der Zugang zu den Inhalten aufgrund des Modellumfangs zu schwierig, besteht das Risiko, dass **niemand mit dem Markenmodell arbeiten will bzw. kann**. Eigentlich sollte eine Positionierung Marken-Verantwortlichen – sowohl intern im Unternehmen als auch auf Dienstleisterseite – eine Hilfe sein, um Entscheidungen leichter treffen zu können. Komplexe Modelle verhindern eher Entscheidungen und bremsen die Handlungsgeschwindigkeit eines Unternehmens als dass sie diese fördern (Kapferer 2012, S. 173; Baetzgen 2011, S. 101 f.). Gerade in den dynamischen Märkten von heute, die häufig schnelle Entscheidungen fordern, ist dies besonders nachteilig.

> Etablierte Markenmodelle sind nur eingeschränkt eine Entscheidungshilfe in den dynamischen Märkten von heute, da sie inhaltlich oft zu abstrakt und innengerichtet ausgestaltet werden.

Eine weitere **große Hürde in Sachen Handlungsorientierung** liegt oft im inhaltlichen Ergebnis einer Markenpositionierung. Denn leider sind diese häufig von **Beliebigkeit** gekennzeichnet. Bei Modellen mit einer großen Menge an Elementen ist oft die Hierarchie unklar. Der Kern (oder Essenz oder…) ist zweifelsfrei am wichtigsten, aber welche Rolle spielen die anderen Elemente? Da die Auswahl groß genug ist, lässt sich so gut wie jede Entscheidung mit einer Verbindung zu einem der Modell-Elemente begründen: „kommuniziert den emotionalen Benefit" oder „ist eindeutig im Einklang mit unserer Markenpersönlichkeit".

Eine andere häufig zu beobachtende Quelle von Beliebigkeit sind die zur Definition der Marke gewählten Begriffe. „Innovation", „Qualität", „Service", „Partnerschaft", „Lösungsorientierung" – viele Marken versuchen sich durch diese Eigenschaften zu differenzieren und scheitern. Diese Begriffe sind nicht nur austauschbar, sondern auch inhaltlich auf einem sehr abstrakten Niveau. Es gibt keine oder nur wenige Anknüpfungspunkte für die operative Arbeit. Daher bieten sie denjenigen, die zur Schaffung des Markenerlebnisses verantwortlich sind, keine oder nur eine sehr allgemeine Handlungsorientierung. Auch eine hohe Begriffsdichte pro Markenelement hilft in dieser Hinsicht nicht weiter. Ein beispielhaftes Modell, das wir in unserer Beratungspraxis kennengelernt haben, bestand u. a. aus neun Markenwerten, sechs „Reasons Why" und fünf „Benefits". Diese schiere Masse erschwert nicht nur die Differenzierung im Wettbewerb, sondern ist auch wenig dazu geeignet, die Mitarbeiter des Unternehmens im Sinne der Markenstrategie zu mobilisieren.

Die zu geringe Handlungsorientierung vieler Markenpositionierungen wurde auch in unserer Entscheiderstudie (s. Hintergrund in Abschn. 4.1) deutlich. Betrachtet man den Einfluss, den die definierte Markenpositionierung auf die operative Arbeit hat, ist festzustellen, dass dieser nicht einmal innerhalb des Marketing-Mix durchgehend gegeben ist. Rund 90 % der Befragten sehen zwar eine hohe oder sehr hohe Bedeutung für die Bereiche „Markenführung" und „Kommunikation", dieser Wert nimmt jedoch in Produkt- (67 %), Preis- (58 %) und Distributionspolitik (37 %) teilweise stark ab (s. Abb. 4.1). Aus diesen Ergebnissen lassen sich die Wurzeln des Positionierungskonzeptes in der Markenkommunikation erkennen. Von einer übergreifenden Steuerungsfunktion kann man allerdings nicht sprechen, wenn die Markenpositionierung auf Ertragstreiber wie die Preis- und Distributionspolitik nur einen geringen bis mittleren Einfluss hat (Creative Advantage 2014, S. 17).

4.1.3 Keine Anpassungsfähigkeit

Die Forderung nach Flexibilisierung und Anpassungsfähigkeit von Markensteuerungs-Instrumenten ist sicherlich die weitreichendste. Es gibt einige Modelle, die bereits eine relativ geringe Komplexität aufweisen. Zu einem gewissen Grad liefern einige auch Handlungsorientierung, insbesondere für den Bereich der Markenkommunikation. Aber **flexibel und anpassungsfähig ist keines der klassischen Modelle**. Daraus kann man den Urhebern keinen Vorwurf machen. Denn das Ziel

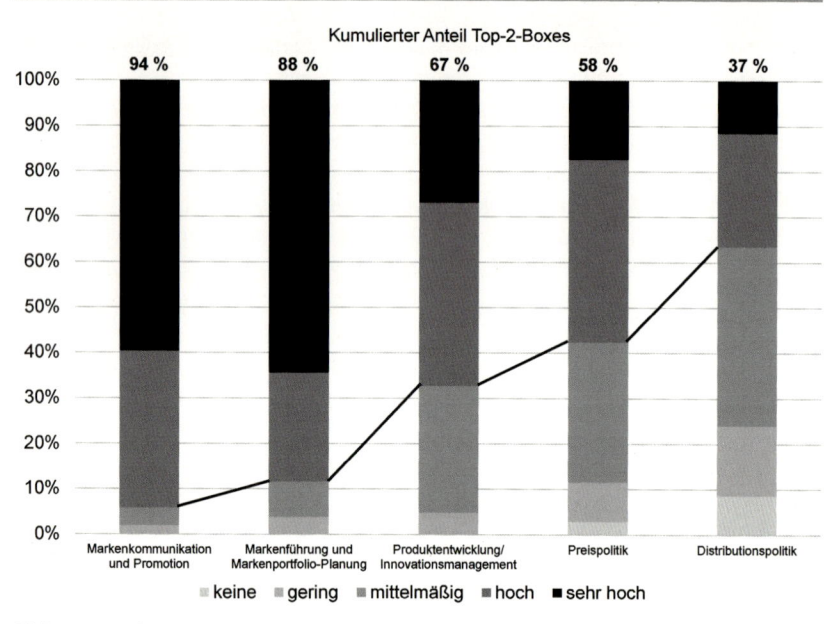

Abb. 4.1 Bedeutung der Markenpositionierung für Teilbereiche des Marketings. (Quelle: Creative Advantage Studie „Markenpositionierung – Bedeutung für den Erfolg einer Marke in dynamischen Märkten")

der Modelle ist die Schaffung einer über Märkte und Kommunikationskanäle konsistenten, im Zeitverlauf stabilen und für den Kunden verlässlichen Marke. Hat man ein Marken-Modell inhaltlich ausgefüllt, ist die Marke eindeutig und unumstößlich definiert.

Es ist aber insbesondere diese Statik, die die Relevanz der Markenführung in veränderungsintensiven Märkten schmälert. Im Bereich der Unternehmensstrategie herrscht in aktuellen Literaturbeiträgen Einigkeit darüber, dass Anpassungsfähigkeit in Zukunft eine der wichtigsten Fähigkeiten zur langfristigen Sicherstellung des Unternehmenserfolges sein wird. So ruft Columbia University-Professorin Rita McGrath (2013, S. 5 ff.) sogar das Ende des strategischen Mantras dauerhafter Wettbewerbsvorteile aus. Für sie ist die damit verbundene statische Strategie-Denke angesichts der Veränderungsgeschwindigkeit der Märkte nicht mehr zeitgemäß und ein sicherer Weg zum Misserfolg. Stattdessen gelte es, als Unternehmen immer wieder neue, flüchtige Wettbewerbsvorteile zu identifizieren und zu besetzen. Eine der entscheidenden Fähigkeiten, diese Strategie umzusetzen bezeichnet sie mit „kontinuierlicher Umgestaltung" (McGrath 2013, S. 18 ff.). Außerdem haben in einer globalen Studie die Unternehmensberater Chris Zook und James Allen Anpassungsfähigkeit auf Basis organisationalen Lernens als einen zentralen Treiber für den Unternehmenserfolg identifiziert (2012, S. 123 ff.).

▶ Der statische Charakter etablierter Markenführungs-Instrumente steht im starken Widerspruch zu den dynamischen Märkten von heute.

Die Marketing-Welt öffnet sich ebenfalls der Erkenntnis, einen Paradigmenwechsel weg von der einseitigen Konsistenz- und Kontinuitätsfunktion der Markenführung einleiten zu müssen. Mehr Flexibilität statt allumfassender integrierter Kommunikation, Einführung von veränderbaren Elementen innerhalb der Markenführungs-Instrumente oder ganz neue Marken-Modelle für die von der Digitalisierung geprägten Märkte von heute – einige Herausforderungen und Ansatzpunkte wurden formuliert (Jones 2012, S. 78; Heun 2014, S. 5 ff.; Jowitt und Lury 2012, S. 100). Trotzdem steht das Marketing als Disziplin noch am Anfang des Lösungsprozesses, wie sich die Themen „Anpassungsfähigkeit", „Handlungsorientierung" und „Komplexitätsreduktion" in die Markenführung integrieren lassen. In Abschn. 4.2 geben wir zunächst einen Überblick zu bestehenden Lösungsansätzen und stellen anschließend in Kap. 5 unser Konzept der agilen Markenführung vor, das sich genau dieser drei Handlungsbereiche annimmt.

4.2 Bestehende Ansätze zur Weiterentwicklung der Markenführung

Es gibt bereits einige Konzepte und Modelle, die sich des in Abschn. 4.1 aufgezeigten Weiterentwicklungsbedarfes für Markenführungs-Instrumente angenommen haben. Bei der Mehrheit dieser Beiträge spielt die **Digitalisierung als Herausforderung** die zentrale Rolle. Daher sind die Lösungsvorschläge nach wie vor sehr stark mit dem Thema „Markenkommunikation" verbunden, da die Digitalisierung in Form von neuen Kommunikationskanälen in den letzten Jahren einen besonders prägenden Einfluss auf Marketing-Wissenschaft und -Praxis hatte (s. Abschn. 3.3.1). Dieser Aspekt ist zweifelsohne wichtig, wenn die Markenführung fit für die Zukunft gemacht werden soll. Allerdings kann ein zu einseitiger Fokus auf Veränderungen im Bereich (digitaler) Kommunikation zu einer neuen Art der Kurzsichtigkeit im Marketing führen. Veränderungen und neue Herausforderungen können auch in vielen anderen Bereichen lauern (s. Kap. 3), deren Folgen genauso bedeutsam für die Führung einer Marke sein können.

Ansätze zur Reduzierung von Komplexität
Kapferer ist einer der prominentesten und lautesten Kritiker, was die Komplexität von Markenführungs-Instrumenten angeht. In seinen Ausführungen geht er zur Lösung des Problems allerdings einen vermeintlich einfachen Weg. Er empfiehlt Unternehmen, für ihre Marken immer ein eigenes Marken-Modell (oder Marken-Plattform, wie er es nennt) zu entwickeln, anstatt sich eines bestehenden, vordefinierten Modells zu bedienen. Dazu liefert er einen Leitfaden zur Entwicklung einer eigenen Marken-Plattform anhand von zehn Fragen. Erstaunlicherweise finden sich darin zahlreiche Elemente wie „Marken-Werte", „Marken-Wahrheiten" oder „Marken-Stil und Sprache", wieder, an denen er in seinen vorhergehenden Ausführungen wenig Positives lässt (Kapferer 2012, S. 173 ff.). Somit ist hier wenig Konkretes zum Thema „Komplexitätsreduktion" festzustellen.

Beekmann und Kiock (2014, S. 167 ff.) stellen mit der „Digital Brand Scorecard" ein Steuerungsinstrument vor, das explizit die Komplexität der Markenführung im digitalen Zeitalter reduzieren soll. Anhand von 16 Kriterien wird dabei über quantitative und qualitative Kennzahlen der Erfolg einer Marke im Bereich der digitalen Kommunikation messbar gemacht. Auch ein Vergleich mit dem Wettbewerb wird so ermöglicht. Ein Markenmodell im oben dargestellten Sinne (s. Abschn. 2.2.1) ist es allerdings nicht. Vielmehr ist es ein Instrument für den Bereich der Marketing-Kontrolle, das implizit auch auf das Thema „Handlungsorientierung" eingeht.

Ansätze zur Steigerung der Handlungsorientierung und Anpassungsfähigkeit
Unsere drei Hauptansatzpunkte zur Weiterentwicklung der Markenführung sind nicht total isoliert zu betrachten. Ein Markenführungs-Instrument mit geringer Komplexität kann schon allein durch diese Eigenschaft eine stärkere Handlungsorientierung schaffen. Es ist für Marken-Entscheider leichter zugänglich und motiviert so eher dazu, damit zu arbeiten. Vor allem sind aber die Stärkung von Handlungsorientierung und Anpassungsfähigkeit eng miteinander verknüpft. Anpassungsfähigkeit impliziert Handlung und das Treffen von Entscheidungen, sodass sich die zwei Faktoren in der Regel gegenseitig bedingen bzw. ergänzen.

Ein Modell, welches besonders das Thema „Handlungsorientierung" angeht, ist das „Markenerleben-Konzept" von Munzinger und Wenhart (2012, S. 120 ff.). Es setzt sich zum Ziel, das Markenerlebnis an jedem spezifischen Kontaktpunkt und über alle Kontaktpunkte hinweg zu steuern. Um eine zentrale Marken-Idee werden im Modell Inhalte, Signale und Kanäle definiert. Unter „Inhalten" werden sowohl faktische Markenleistungen als auch weiche Markenwerte verstanden. „Signale" sind die kommunikativen Elemente, die der Empfänger wahrnimmt. „Kanäle" sind das Übertragungsmedium für die beiden anderen Elemente. Die Handlungsorientierung wird durch die operativ geprägten Elemente des Modells unterstrichen.

4.2 Bestehende Ansätze zur Weiterentwicklung der Markenführung

Außerdem sorgt die im Vergleich zu vielen Modellen klassischen Typs geringe Anzahl an Elementen für ein wenig Komplexitätsreduktion.

Literaturbeiträge, die sich mit der Ermöglichung einer anpassungsfähigen Markenführung auseinandersetzen, sprechen sich naheliegenderweise vor allem für die Definition möglichst weniger statischer Markenelemente aus. Jausen (2014, S. 199 ff.) schlägt dazu den Ansatz eines „Markenökosystems" vor. Fest definiert ist darin nur der Markenkern. Die darin repräsentierte Haltung strahlt auf ein flexibles Netzwerk an „Marken-Assets" aus. Diese stellen die Berührungspunkte zwischen Marke und allen relevanten Bezugsgruppen wie Kunden, Handelspartnern oder Mitarbeitern dar und sind je nach Marke und im Zeitverlauf variabel. Andere Beiträge greifen zur Ermöglichung von Anpassungsfähigkeit das aus dem IT-Projektmanagement stammende Prinzip der „Agilität" auf (worauf wir im folgenden Abschn. 5.1 näher eingehen). Diese Ansätze beziehen sich auf operative Fragestellungen wie die Entwicklung eines neuen Produktes oder einer Kommunikationsmaßnahme. Zentral ist dabei das Arbeiten in einem kontinuierlichen Kreislauf aus Konzipieren, Testen und Lernen. In kleinen, ‚evolutionären' Schritten soll man sich auf diese Weise der besten Lösung nähern, die dann zur Marktreife weiterentwickelt werden kann. Der Prozess erlaubt laufende Anpassungsmöglichkeiten und soll so das u. U. teure Verfolgen schlechter Lösungen vermeiden (Dänzler 2014, S. 26 ff.; Freeling 2011, S. 68 ff.). Die Ansätze klammern allerdings explizit oder implizit strategische Überlegungen weitestgehend aus. Dieses Vorgehen halten wir für problematisch, sodass man in diesen Fällen nur von einer Weiterentwicklung im Bereich „Marketing-Mix-Umsetzung" sprechen kann und nicht im Bereich „Markenstrategie".

Zwischenfazit
In ersten Ansätzen wurden die von uns dargelegten Konsequenzen für die Markenführung in dynamischen Marktumgebungen konzeptionell identifiziert und angegangen. Die Lösungsvorschläge unterscheiden sich dabei in ihrer Herangehensweise teilweise erheblich, insbesondere was die Rolle der Markenstrategie angeht. Keiner der vorgestellten Beiträge hat sich jedoch bisher in einem geschlossenen Konzept allen drei Konsequenzen gewidmet. Dieser Lücke wollen wir uns mit dem Konzept der „agilen Markenführung" im folgenden Kap. 5 annehmen.

Fazit: Konsequenzen für die Markenführung

Der überwiegend statische Charakter von Markenführungs-Instrumenten steht heute in einem Spannungsverhältnis zu den von großen Veränderungen und hoher Dynamik gekennzeichneten Märkten. Um den sich daraus für die Markenführung ergebenden Herausforderungen gerecht zu werden, besteht vor allem in drei Bereichen Weiterentwicklungsbedarf: Die Instrumente der Markenführung müssen weniger komplex aufgebaut sein, eine stärkere Handlungsorientierung bieten und Anpassungen an sich ändernde Marktbedingungen ermöglichen. Erste konzeptionelle Ansätze haben sich der identifizierten Konsequenzen angenommen, keiner davon allerdings allen dreien in einem geschlossenen Konzept.

Literatur

Baetzgen, A. (2011). Drachen, Donuts, Diamanten – Die Wissenschaft und Kunst guter Markenmodelle. In A. Baetzgen (Hrsg.), *Brand Planning* (S. 101–117). Stuttgart: Schäffer-Poeschel.

Beekmann, A., & Kiock, A. (2014). „Augen zu und durch!" – Wie man trotz steigender Komplexität im digitalen Zeitalter den Durchblick für strategische Entscheidungen behält. In S. Dänzler & T. Heun (Hrsg.), *Marke und digitale Medien* (S. 157–173). Wiesbaden: Springer Fachmedien.

Advantage, C. (2014). Markenpositionierung – Bedeutung für den Erfolg einer Marke in dynamischen Märkten. http://creative-advantage.de/publikation/markenpositionierung-bedeutung-fuer-den-erfolg-einer-marke-in-dynamischen-maerkten. Zugegriffen: 17. Sept. 2015.

Dänzler, S. (2014). Agile Branding – Wie das digitale Werbegut die Kommunikation verändert. In S. Dänzler & T. Heun (Hrsg.), *Marke und digitale Medien* (S. 17–32). Wiesbaden: Springer Fachmedien.

Freeling, A. (2011). *Agile Marketing – How to Innovate Faster, Cheaper and with Lower Risk*. ohne Ort: Goldingtons Press.

Heun, T. (2014). Total Digital? Zum Wandel des Markenkonzepts im 21. Jahrhundert. In S. Dänzler & T. Heun (Hrsg.), *Marke und digitale Medien* (S. 1–13). Wiesbaden: Springer Fachmedien.

Jausen, M. (2014). Markenbildung im digitalen Zeitalter: Alles neu, nicht anders? In S. Dänzler & T. Heun (Hrsg.), *Marke und digitale Medien* (S. 187–206). Wiesbaden: Springer Fachmedien.

Jones, R. (2012). Five ways branding is changing. *Journal of Brand Management, 20*(2):77–79.

Jowitt, H., & Lury, G. (2012). Is it time to reposition positioning? *Journal of Brand Management, 20*(2):96–103).

Kapferer, J.-N. (2012). *The new strategic brand management – advanced insights & new strategic thinking* (5. Aufl.). London: Kogan Page.

McGrath, R. G. (2013). *The end of competitive advantage – how to keep your strategy as fast as your business*. Boston: Harvard Business Review Press.

Munzinger, U., & Wenhart, C. (2012). *Marken erleben im digitalen Zeitalter*. Wiesbaden: Springer Fachmedien.

Zook, C., & Allen, J. (2012). *Repeatability – Build Enduring Businesses for a World of Constant Change*. Boston: Harvard Business Review Press.

Agile Markenführung 5

Zusammenfassung
Im Sinne der Markenführung verstehen wir unter „Agilität" eine angemessene, zielgerichtete und schnelle Reaktion auf eine neue Marktsituation. Die agile Markenführung geht alle drei identifizierten Bereiche zur Weiterentwicklung der Markenführung an: Mit dem „Brand-Market Connector" (BMC) stellen wir ein Positionierungsmodell vor, das deutlich weniger komplex ist als klassische Markenmodelle. Non-Negotiables sind die Übersetzung der Markenpositionierung in zugängliche und unternehmensweit gültige Prinzipien, die die Handlungsorientierung der Markenführung erhöhen. Kontinuierliche Feedback-Prozesse sind das Frühwarnsystem der Markenführung und ermöglichen – wenn nötig – die Anpassungsfähigkeit des Marketing-Mix und der Markenstrategie. Grundlage der agilen Markenführung ist eine fundierte Marktintelligenz, die dem Unternehmen relevantes Wissen zu allen Marktakteuren und externen Einflussfaktoren liefert.

5.1 Unser Verständnis von „Agilität"

Die Aufgaben und Instrumente der Markenführung haben wir bereits in Abschn. 2.2 dargelegt. Was verstehen wir nun im Rahmen dieses Buches unter „agil" und „Agilität"? Wie in Abschn. 4.2 kurz angesprochen, stammt der Begriff „agil" in seiner heute gebräuchlichen Verwendung in Betriebswirtschaft und Management aus der Softwareentwicklung. Inhaltlich wurde er 2001 durch das „Manifesto for Agile Software Development" geprägt, welches von 17 Programmierern verfasst wurde und seitdem viele Anhänger gefunden hat. In der deutschen Übersetzung lautet das Manifest wie folgt (Agile Manifesto 2001):

Wir erschließen bessere Wege, Software zu entwickeln, indem wir es selbst tun und anderen dabei helfen. Durch diese Tätigkeit haben wir diese Werte zu schätzen gelernt:
- Individuen und Interaktionen mehr als Prozesse und Werkzeuge
- Funktionierende Software mehr als umfassende Dokumentation
- Zusammenarbeit mit dem Kunden mehr als Vertragsverhandlung
- Reagieren auf Veränderung mehr als das Befolgen eines Plans

Das heißt, obwohl wir die Werte auf der rechten Seite wichtig finden, schätzen wir die Werte auf der linken Seite höher ein.

Dieser agile Ansatz steht dem bis dahin dominierenden linearen „Wasserfall-Prinzip" gegenüber, bei dem **zunächst** ein detaillierter Plan entwickelt und dann schrittweise abgearbeitet wird. **Die zentralen „agilen" Prinzipien lauten zusammengefasst:**

- Flexibilität
- Adaptive Planung
- Schnelle Abstimmung

Mit der steigenden Popularität des agilen Ansatzes in der Softwareentwicklung wurde auch die Management-Praxis darauf aufmerksam. Die agilen Prinzipien wurden zunächst auf das allgemeine Projektmanagement übertragen und sind auch dort mittlerweile sehr verbreitet (Brandes et al. 2014, S. 74 ff.).

Im Marketing wurden die Agilitäts-Prinzipien in verschiedenen Ansätzen auf die Bereiche „Innovation", „Produktentwicklung" und „Kommunikationsgestaltung" übertragen, s. Abschn. 4.2 (Morris et al. 2014; Dänzler 2014; Freeling 2011). Die Übertragung beschränkt sich allerdings stark auf den Bereich der Literatur. Agilität hat in der Markenführung noch in keiner Weise einen so verbreiteten Eingang in die Praxis gefunden, wie es im Projektmanagement der Fall ist.

Bevor wir die Erfolgsfaktoren der agilen Markenführung vorstellen, wollen wir einige wichtige Aspekte und Auslegungen thematisieren, die unser Verständnis von „Agilität" ausmachen. Der Duden führt zum Adjektiv „agil" die Bedeutung „von großer Beweglichkeit zeugend; regsam und wendig" auf. Daher ist Agilität nicht zu verwechseln mit Aktionismus, Nervosität oder Hektik. Ein Beispiel:

> **Beispiel: was Agilität ist**
> Bei einem Auto schätzt man die Möglichkeit einer agilen Fahrweise, wenn die Straße kurvig oder unübersichtlich ist. Auf gerader Strecke ist eine agile Fahrweise nicht nötig und kann sogar gefährlich werden. Auf die Bereiche

5.1 Unser Verständnis von „Agilität"

„Softwareentwicklung", „Projektmanagement" oder „Marketing" übertragen bedeutet das, dass Agilität kein blinder Aktionismus ist, keine Tätigkeit um ihrer selbst willen.

Agilität beschreibt die Fähigkeit zu einer angemessenen und schnellen Reaktion, Handlung oder Entscheidung, wenn es die Situation erfordert. Wie wir in Kap. 3 gesehen haben, können solche Situationen in den veränderungsintensiven Märkten von heute für die Markenführung häufig auftreten und von vielen verschiedenen Faktoren ausgelöst werden.

▶ **Agilität** ist im Zusammenhang mit der Markenführung nicht mit Aktionismus, Nervosität oder Hektik zu verwechseln, sondern beschreibt eine angemessene, zielgerichtete und schnelle Reaktion auf sich verändernde Marktsituationen.

Gerade im Marketing kann die Linie zwischen agiler und aktionistischer Markenführung jedoch schmal sein. Zum Beispiel ermöglicht die immer leichtere und schnellere Verfügbarkeit an großen Datenmengen aus digitalen Quellen (Big data in real-time) bisher unbekannte Möglichkeiten zur Messung und Bewertung von Marketing-Aktivitäten. Vor diesem Hintergrund ist die Fähigkeit zur Identifikation relevanter Erkenntnisse entscheidend, um nicht in die Aktionismus-Falle zu tappen.

Häufig ist auch das Prinzip des „Always in Beta" ein Thema in der Marketing-Community. Besonders dieser Eigenschaft, ein System immer in der Entwicklungsphase zu halten, wird der Erfolg vieler Technologie-Marken wie Google oder Facebook zugeschrieben. Im Bereich der Produktleistung ist dem zuzustimmen. Die verschiedenen Angebote z. B. von **Google** werden laufend weiterentwickelt und das Unternehmen stellt auch Produkte oder Geschäftsbereiche ein, wenn sie die Nutzer nicht überzeugt haben. Andererseits ist das Ziel bzw. die Marken-Vision von Google – „Die Informationen der Welt zu organisieren und für alle zu jeder Zeit zugänglich und nutzbar zu machen" – sehr stabil und zieht sich durch das gesamte Leistungsangebot. Es mag der Tag kommen, an dem sich Google entscheidet, seinen Markenkern zu verändern. „Always in Beta" ist er aber nicht. Das Verhältnis zwischen Kontinuität und Veränderung ist für die agile Markenführung von zentraler Bedeutung und wird in den folgenden Abschnitten noch häufig Thema sein.

Herausheben wollen wir abschließend noch den letzten Satz des „Agile Manifesto": „*(...), obwohl wir die Werte auf der rechten Seite wichtig finden, schätzen wir die Werte auf der linken Seite höher ein.*" Hieraus wird deutlich, dass die Verfasser keine komplette Revolution im Sinn hatten, sondern eine Fokusverschiebung.

Genauso sehen wir es mit der agilen Markenführung. Es geht um ein angemessenes Gleichgewicht aus Planen und Handeln, aus Kontinuität und Veränderung. Dies bei der Lektüre der folgenden Erfolgsfaktoren der agilen Markenführung im Kopf zu behalten, ist sehr wichtig.

▶ Das Ziel der agilen Markenführung ist das Erreichen eines angemessenen Gleichgewichtes aus Planen und Handeln sowie aus Kontinuität und Veränderung.

Außerdem ist zu beachten, dass sich Softwareentwicklung und Projektmanagement in einem entscheidenden Bereich von der Markenführung unterscheiden. In der Regel sind die beiden erstgenannten Bereiche dadurch gekennzeichnet, dass eine konkrete Aufgabe zu erledigen ist. Ein Programm zur Erfassung der Kundenzufriedenheit muss entwickelt oder ein Branchenkongress geplant und durchgeführt werden. Projekte wie diese haben ein fest definiertes Ende, sie sind irgendwann fertig. Markenführung ist das nicht. Sie ist nie fertig, sondern eine Daueraufgabe.

5.2 Erfolgsfaktoren der agilen Markenführung

In der Marketing-Community ist die Rolle der eigenen Funktion im Verhältnis zu anderen Unternehmensbereichen in den letzten Jahren zu einem Dauerthema geworden. Grundtenor ist in dieser Diskussion, dass der Beitrag des Marketings zur Unternehmensstrategie und für den wirtschaftlichen Erfolg abgenommen hat. Man fühlt sich von mehreren Seiten unter Druck:

- Verändern sich die Märkte so schnell, dass sie keine strategische Markenarbeit mehr zulassen?
- Ist aufgrund der zunehmenden Digitalisierung und Technisierung der IT-Chef schon der heimliche Chief Marketing Officer?
- Hört der Geschäftsführer dem Marketingleiter gar nicht mehr richtig zu, weil der seine Ergebnisse sowieso nicht messbar machen kann?

Das sind überspitzte, aber auch berechtigte Fragen. So hat eine Studie des Instituts für marktorientierte Unternehmensführung an der Universität Mannheim (Homburg und Vomberg 2015) empirisch einen **Machtverlust der Marketingabteilungen** in deutschen Unternehmen festgestellt. Auf der Basis von Daten aus den Jahren 1996 und 2013 ermittelten die Forscher einen signifikanten Einflussverlust des Marketings in strategisch wichtigen Bereichen wie „Preispolitik" und „Neuproduktentwicklung". Nur im Bereich „Werbung" – dem allerdings eine relativ

5.2 Erfolgsfaktoren der agilen Markenführung

geringe Bedeutung für den Unternehmenserfolg beigemessen wurde – konnte das Marketing seinen Einfluss erhöhen. Eine Studienserie der US-amerikanischen Association of National Advertisers kommt zu inhaltlich ähnlichen Ergebnissen. In der letzten Ausgabe der Studie (Edelman und Heller 2015) zeigt sich aber eine kleine Trendwende: Der Anteil der befragten Marketing-Manager, die der Meinung sind, dass das Marketing überdurchschnittliches Wachstum fördert, ist um 17 % im Vergleich zum Vorjahr gestiegen.

Wir glauben, dass das Marketing ein Stück weit selbst für diese ‚Existenzkrise' verantwortlich ist. Der Fokus der Marken-Verantwortlichen lag in den letzten Jahren vielfach auf neuen kommunikativen Herausforderungen, die durch die Digitalisierung der Werbung auf Unternehmen und Marken einströmten. Der strategischen Markenführung wurde weniger Relevanz beigemessen und ihre Instrumente konsequenterweise – trotz einer stark veränderten Marktumwelt – nicht oder nur wenig weiterentwickelt (s. Kap. 4). In der Konsequenz hat auch die Bedeutung des Marketings im Unternehmen gelitten. Marketer, die sich hauptsächlich auf kommunikativen Spielfeldern tummeln, anstatt langfristig Märkte und Marken aktiv zu gestalten, können per Definition wenig zu den übergeordneten Unternehmenszielen beitragen. Marketing wurde vielfach auf Werbung reduziert.

Wir wollen **mit den Prinzipien der agilen Markenführung** einen Beitrag dazu leisten, die **Rolle der Markenstrategie innerhalb von Unternehmen wieder zu stärken**. Nach klassischem Verständnis leitet sich der Spielraum der Markenführung aus der übergeordneten Unternehmensstrategie ab. Die dort getroffenen Entscheidungen hinsichtlich Geschäftsfeldern, Leistungsprogramm und Ressourcenverteilung sowie die gesetzten Umsatz- oder Renditeziele haben maßgeblichen Einfluss auf die Gestaltungsoptionen der Markenführung. Statt einer solch hierarchischen Beziehung zwischen Unternehmens- und Markenstrategie sollten die beiden Bereiche vielmehr so eng wie möglich verzahnt sein. Dem Marketer kommt die Dirigentenrolle zwischen Kundenbedürfnis, eigener Leistungs-Selbstverpflichtung des Unternehmens und Wettbewerberstrategien zu. Nur das Marketing kann marktrelevante Unternehmensziele definieren, die in der Konsequenz dazu führen, dass sich markenorientiertes Denken und Handeln durch die gesamte Organisation zieht. Dies stellt wiederum den Grundstein für eine überlegene Marktposition dar.

Um dieses Ziel zu erreichen, braucht es ein **Verständnis von Markenführung, das auf Kunden-, Wettbewerbs- und Unternehmensorientierung gleichermaßen beruht**. Aus der Markenstrategie muss sich außerdem eine klare Handlungsorientierung für den Geschäftsalltag ableiten lassen. Unter diesen Zielsetzungen sind wir die Entwicklung der agilen Markenführung angegangen. Eine solche Aufwertung der Markenstrategie geht mit einer klaren Anforderung einher: Aus dem gesteigerten Anspruch nach Einfluss auf den unternehmerischen Erfolg ergibt sich unmittelbar eine Verantwortung für Umsatz und Rendite. Die Anwendung der

agilen Markenführung entspricht somit gleichzeitig den Forderungen nach erhöhter Transparenz und konkreterer Leistungsmessung im Marketing (s. Abschn. 2.2.3).
Die Prinzipien der agilen Markenführung helfen nicht nur dabei, auf neue Marktsituationen zu reagieren. Sie versetzen Marken auch in die Lage, Märkte durch eine konsequente und proaktive Kundenorientierung zu gestalten. Denn nur Kundenbedürfnissen hinterherzulaufen und Leistungsaspekte einzuführen, die sich am Markt bereits bewährt haben, erhöht den Brand Equity höchstens minimal.

> Die Prinzipien der agilen Markenführung sollen die strategische Steuerungsfunktion des Marketings stärken und die Markenstrategie so eng wie möglich mit der Unternehmensstrategie verzahnen. Dieser Anspruch geht mit einer unmittelbaren Umsatzverantwortung einher.

Wir haben uns entschieden, das Konzept der agilen Markenführung anhand von **vier Erfolgsfaktoren** aufzubauen, mit denen sich die folgenden Abschnitte im Detail beschäftigen:

- Marktintelligenz entwickeln
- Komplexität im Markenmanagement reduzieren
- Die Markenstrategie operationalisieren
- Die Marke anpassungsfähig machen

Die einzelnen Faktoren haben auf verschiedenen Ebenen Einfluss auf die drei Hauptaufgabengebiete der Markenführung – Entwicklung der Markenstrategie, Umsetzung im Marketing-Mix und Marketing-Kontrolle.
Auch wenn Sie an späterer Stelle noch eine Übersichtsgrafik mit allen Faktoren und den dazugehörenden Handlungsempfehlungen und Methoden sehen werden, ist **agile Markenführung kein geschlossenes Modell**. Bei der Anwendung stellt sich also *nicht* die Frage „Ganz oder gar nicht?". Wir sind davon überzeugt, dass eine Marke bzw. ein Unternehmen mithilfe aller vier Erfolgsfaktoren heute und in Zukunft am besten zu führen ist. Aber es ist durchaus möglich, einzelne Aspekte herauszunehmen, um einer Marke mehr Agilität zu verleihen. Dies ist insbesondere bei lange etablierten und erfolgreichen Marken wahrscheinlich. Sind Sie z. B. der Einschätzung, dass Ihre Markenpositionierung bzw. das zur Definition genutzte Modell nicht zu komplex ist? Dann setzt Agilität in der Markenführung nicht zwingend die Verwendung des von uns in Abschn. 5.2.2 vorgeschlagenen Modells voraus. Aber wie ist es in so einem Fall um die Anpassungsfähigkeit bestellt (s. Abschn. 5.2.4)? Da der klassische Fokus der Markenführung auf Kontinuität liegt, besteht gerade bei etablierten Marken hier häufig noch Optimierungspotenzial. Andererseits gibt es eine Reihe von Situationen, in denen sich eine systematische Anwendung aller vier Erfolgsfaktoren der agilen Markenführung empfiehlt. Stehen

5.2 Erfolgsfaktoren der agilen Markenführung

strategische Grundsatzentscheidungen wie die Einführung einer neuen Marke oder ein umfassender Marken-Relaunch an, fällt die Anwendung der agilen Markenführungsprinzipien auch deutlich leichter.

5.2.1 Wie Sie Marktintelligenz entwickeln

Als einziger der vier Erfolgsfaktoren der agilen Markenführung adressiert dieser Abschnitt keinen der drei in Abschn. 4.1 formulierten Bereiche zur Weiterentwicklung der Markenführung. Die Entwicklung von Marktintelligenz ist vielmehr als Grundlage für die agile Markenführung zu verstehen. Ohne eine aktive Auseinandersetzung mit den in Kap. 3 dargestellten Herausforderungen ist die Etablierung der Prinzipien der agilen Markenführung nicht möglich. Vor diesem Hintergrund definieren wir „Marktintelligenz" wie folgt:

▶ **Marktintelligenz** ist weiter gefasst als klassische Markt- und Verbraucherforschung. Neben der Exploration der Kundenbedürfnisse schließt sie eine intensive Wettbewerbsanalyse, die Messung der Leistungserbringung einer Marke und die Identifikation wesentlicher Einflussfaktoren der Marktumwelt ein (s. Abb. 5.1 zur Verdeutlichung dieser umfassenden Perspektive).

Abb. 5.1 Themenfelder der Marktintelligenz

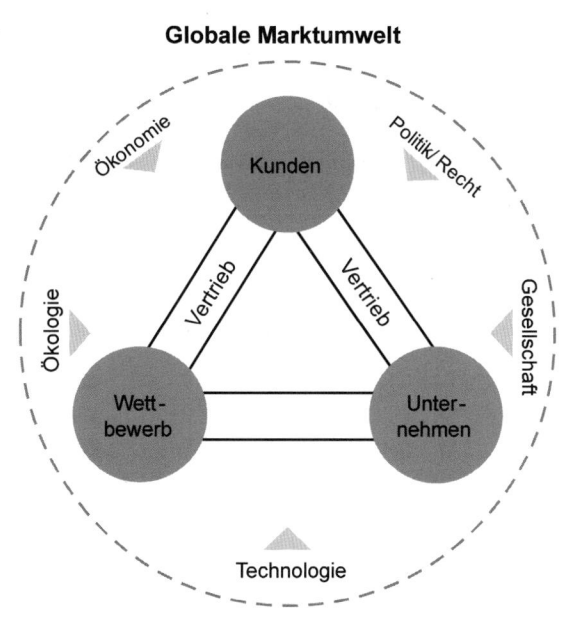

Das Ergebnis eines Prozesses zur Entwicklung von Marktintelligenz sind **Insights** zum Kunden- und Wettbewerberverhalten sowie zur Leistungsfähigkeit und Wirkung der Marke.

„Insights" wird als Begriff im Marketing-Kontext sehr häufig verwendet. Allerdings gibt es keine allgemein akzeptierte Definition des Begriffs (Baumann 2011, S. 30 ff.). Die Übersetzung von „insight" ins Deutsche lautet „Erkenntnis" oder „Einsicht". Zum weitergehenden Verständnis lassen sich Insights wie folgt konkretisieren. Nicht alle Ergebnisse eines Marktintelligenz-Prozesses sind Insights. Viele werden Beobachtungen sein, die eine wichtige Rolle dabei spielen, um zu einer substanziellen Einsicht in die Regeln eines Marktes – sprich ein Insight – zu gelangen. **Ein Insight beschreibt also die Ursachen oder Wirkungsweisen des Verhaltens von Marktakteuren.** Entsprechend gibt es verschiedene Typen von Insights, je nachdem, auf welchen Marktakteur – z. B. Kunden, Wettbewerber oder die Marke selbst – sie sich beziehen. Insights sind bereits in Abschn. 2.2.1 bei der Vorstellung der klassischen Markenpositionierungs-Modelle aufgetaucht. In diesen Modellen, wie z. B. in dem näher vorgestellten „Brand Key", spielen sie eine sehr zentrale Rolle. In diesen Fällen war bzw. ist es immer ein Konsumenten-Insight, der die Grundlage für die gesamte Definition der Marke legt. Die effektive Nutzung des in einem Insight liegenden Wissens ist in solchen Fällen ein Wettbewerbsvorteil, der in erster Linie dabei hilft, die Marke im Wettbewerb auf eine kundenrelevante Weise zu differenzieren. Was die Rolle und die große Bedeutung von Insights angeht, steht die agile Markenführung also in der Tradition der klassischen Positionierungsmodelle. Im Rahmen der Marktintelligenz wird jedoch das Feld für Insights weiter gefasst und die Analyse-Perspektive vor dem Hintergrund der stark vernetzten Märkte erweitert.

Über die eigenen Kompetenzen sind sich Unternehmen in der Regel im Klaren und kaum ein Unternehmen würde von sich behaupten, dass es nicht kundenorientiert ist. An Marktforschungsergebnissen herrscht meist kein Mangel. Uns geht es bei der Marktintelligenz nicht um das „Was", sondern um das „Wie". Denn häufig offenbart sich Verbesserungspotenzial sowohl beim Marktverständnis als auch bei der Beurteilung der eigenen Leistungsfähigkeit – insbesondere in Situationen mit hoher Veränderungsintensität. Für strategische Fragestellungen, wie es bei der agilen Markenführung hauptsächlich der Fall ist, muss in der Regel eine neue Erkenntnisgrundlage geschaffen werden. Bestehende Marktforschungsergebnisse und Datenanalysen sowie die Nutzung von Sekundärquellen können dazu ein erster Schritt sein. Nach unserer Erfahrung ist eine Beschränkung darauf aber so gut wie nie ausreichend. Zum Beispiel ist ein bestehendes regelmäßiges Marken-Monitoring auf Quartals-, Halbjahres- oder Jahresbasis konzeptionell oft zu sehr auf die bestehende Markenpositionierung ausgerichtet. Die Einführung von

5.2 Erfolgsfaktoren der agilen Markenführung

Prinzipien der agilen Markenführung braucht **neue, frische Perspektiven**, die mit einem eigens dafür zu konzipierenden Prozess zur Entwicklung von Marktintelligenz geschaffen werden müssen. Ohne spezifischen Input sowohl aus dem Unternehmen als auch aus dem Markt können die Prinzipien der agilen Markenführung und die in den folgenden Abschn. 5.2.2 bis 5.2.4 dargestellten Instrumente nicht effektiv genutzt werden.

▶ Ohne Marktintelligenz in Form von Marken-, Kunden- und Wettbewerber-Insights ist die Anwendung der Prinzipien der agilen Markenführung nicht möglich!

Ein Prozess zur Entwicklung von Marktintelligenz lässt sich in drei Schritte unterteilen:

1. Aufstellung von Forschungshypothesen
2. Generierung von Insights
3. Verbreitung und Anwendung der Marktintelligenz im Unternehmen

5.2.1.1 Aufstellung von Forschungshypothesen

Theoretisch ist das **Themenspektrum der Marktintelligenz** sehr breit. Die Analyse aller Facetten bzw. eine Forschung ‚ins Blaue hinein' ist allerdings zum einen nicht nötig und zum anderen auch zu aufwendig. Denn sehr selten sind Märkte z. B. von Entwicklungen mehrerer Faktoren der globalen Marktumwelt betroffen (s. Abb. 5.1). Jedes Unternehmen ist ein Experte in seiner Branche und kann somit Forschungshypothesen definieren, die als erster Schritt zur Entwicklung von Marktintelligenz den Analyseumfang zielgerichtet eingrenzen.

▶ Die Formulierung von Forschungshypothesen ist der Ausgangspunkt zur Entwicklung von Marktintelligenz. Sie grenzen den Analyseumfang ein und helfen bei der Auswahl der geeigneten Methoden zur Generierung der Marktintelligenz.

Fällt dieser erste Schritt schwer, können auch einige der Techniken, die im folgenden Abschn. 5.2.1.2 beschrieben werden, als Basis zur Aufstellung der Forschungshypothesen genutzt werden.

Die Formulierung der Hypothesen kann nur auf individuelle Weise geschehen. Märkte sind dafür einfach zu verschieden. Genauso unterschiedlich können die Situationen sein, in denen sich Marken auch innerhalb derselben Branche oder Produktkategorie befinden können. Einige Ansatzpunkte haben wir in

Tab. 5.1 Ansatzpunkte zur Formulierung von Forschungshypothesen im Marktintelligenz-Prozess

Unternehmen	Was sind die wichtigsten internen Treiber für den Unternehmenserfolg?
	Was sind die wichtigsten externen Treiber für den Unternehmenserfolg?
	Was war der Grund für das beste Geschäftsjahr der Unternehmensgeschichte? Welcher für das schlechteste?
	Für welche Unternehmens- und Aufgabenbereiche sind die Ergebnisse der Markenführung in der täglichen Arbeit von Relevanz?
Kunden	Welche Bedürfnisse, Wünsche, Sehnsüchte der Kunden erfüllt die Marke? Welche bedient die Konkurrenz? Welche könnten noch unerfüllt sein?
	Was sind die wesentlichen Handlungsmotive der Kunden im Kaufentscheidungsprozess?
	Wie ist die Customer Journey aufgebaut? Was sind dabei die wichtigsten Kontaktpunkte (online, offline, omni-channel etc.)?
	Wie lässt sich unser typischer Kunde charakterisieren? Und wie unterscheidet er sich von unserem Ideal-Kunden? Wie ist dies jeweils bei den Wettbewerbern?
	Wie nehmen Kunden und potenzielle Kunden die Marke wahr? Wie hat sich diese Wahrnehmung im Zeitverlauf verändert?
Wettbewerb	Ist ein Wettbewerber momentan besonders erfolgreich oder entwickelt sich besonders schlecht? Was sind die jeweiligen Gründe dafür?
	Wer sind potenzielle Wettbewerber außerhalb der eigenen Branche bzw. Produktkategorie?
	Welche Angebote können unser eigenes heute ersetzen? Welche könnten das in Zukunft sein?
	Was unterscheidet meine Marke von Wettbewerbern unterhalb des eigenen Anspruchs (oder Preissegmentes)?
Marktumwelt	Welche Faktoren der Marktumwelt haben Einfluss auf meine Marke? Soziokulturelle, technologische, politische Entwicklungen?
	Haben wir als Unternehmen auf diese Einflüsse schon reagiert? Wenn ja, wie und wie erfolgreich war das?
	Auf welche Marktakteure wirken sich die Umwelteinflüsse am stärksten aus? Kunden, Vertriebskanäle, aktuelle oder potenzielle Wettbewerber?

Tab. 5.1 zusammengestellt, mit denen man sich den einzelnen Themengebieten der Marktintelligenz nähern kann. Anhand von Fragen wie diesen lässt sich eingrenzen, welche Bereiche des Marktes sich am meisten verändern und wo Chancen und Probleme einer Marke liegen. Diese Einsichten lassen sich in Hypothesen übersetzen, die zweierlei Funktionen haben: zum einen – wie oben erwähnt – zur Sicherstellung eines zielgerichteten Forschungsprozesses. Zum anderen fällt anhand des Inhalts der Hypothesen auch die Auswahl der passenden Methoden zur Generierung von Marktintelligenz leichter.

5.2.1.2 Generierung von Insights

In der aktiven Auseinandersetzung mit der Marktsituation zur Generierung von Insights liegt die **wichtigste Prozessphase zur Entwicklung von Marktintelligenz**. Aus den im vorherigen Schritt aufgestellten Forschungshypothesen können die notwendigen Ableitungen zum organisatorischen Aufsetzen dieser Phase vorgenommen werden. Die Hypothesen geben zum einen den inhaltlichen Leitfaden für die Datenerhebung und -analyse vor. Zum anderen helfen sie auch dabei, die geeignetsten Forschungsmethoden auszuwählen. Besonders maßgeblich ist dabei, auf welche Themenfelder des Marktes sich die Hypothesen hauptsächlich beziehen. Abhängig davon, ob es im Schwerpunkt um die Marke selbst, den Wettbewerb oder das Kundenverhalten geht, kommen einige Forschungsmethoden quasi automatisch in die engere Wahl.

Wir werden im Folgenden drei Methodenkategorien näher vorstellen: die quantitative und qualitative Analyse von unternehmensinternen Daten, explorative qualitative Marktforschung und die Methode der Netnografie. Innerhalb dieser Kategorien werden wir uns mit einzelnen konkreten Techniken im Detail beschäftigen und die Anwendungsmöglichkeiten anhand einiger Praxisbeispiele verdeutlichen.

Es gibt natürlich viel mehr Methoden – insbesondere quantitativer Art – um Daten zur Entwicklung von Marktintelligenz in Form von Insights zu erheben. Wir beschränken uns aus mehreren Gründen auf die genannten: Ganz praktisch betrachtet, würde eine annähernd komplette Abhandlung den Rahmen dieses Buches sprengen. Davon abgesehen sind nach unserer Erfahrung explorative Techniken, die sich auf das „Warum" einer Entwicklung bzw. eines Sachverhaltes konzentrieren, besser zur Erarbeitung der Grundlagen erfolgreicher Markenführung geeignet. Ohne Zweifel sind für Detailfragen in zeitlich später gelagerten Marketing-Prozessen quantitative Methoden auf der Basis repräsentativer Stichproben wichtig. Exploration und echtes Verstehen der Regeln eines Marktes und des Kundenverhaltens sind für die Formulierung einer Erfolg versprechenden Markenstrategie aus unserer Sicht aber noch wichtiger als die reine Repräsentativität von Ergebnissen. Mit fundierter Marktintelligenz steigt die Wahrscheinlichkeit sehr guter Ergebnisse in nachfolgenden quantitativen Tests auch deutlich an.

▶ Qualitative, explorative Forschungsmethoden, die das „Warum" hinter dem Verhalten von Marktakteuren aufdecken, sind als Grundlage der agilen Markenführung am effektivsten.

Interne Datenanalyse – quantitativ und qualitativ
Im Zusammenhang mit Big Data konzentriert sich die Diskussion oft auf digitale Quellen. Diese haben den großen Vorteil, dass die Daten z. B. bei der Interaktion

mit Online-Plattformen quasi in Echtzeit generiert und gespeichert werden. Sie sind somit sehr gut für die Überprüfung und Bewertung ausgereifter Marketingaktivitäten, Konzepte oder Produktideen geeignet. Ein solches Beispiel ist etwa das Gegenüberstellen von verschiedenen Alternativen in einem A/B-Test-Verfahren zur optimalen Aussteuerung von Kommunikationsbotschaften. Somit bietet sich der Einsatz quantitativer Methoden eher in den späteren Schritten des Markenführungsprozesses an, in der Marketing-Mix-Umsetzung und zur Marketing-Kontrolle.

Ein aus unserer Sicht manchmal unterschätztes quantitatives Instrument zur Generierung von Marktintelligenz liegt in der hypothesengeleiteten Analyse von Absatz- und Umsatzdaten. Jedes Unternehmen misst seine Umsatz-, Absatz- und Margenentwicklung (und wenn möglich die des Wettbewerbs), z. B. auf Basis interner Datenbanken oder im Konsumgüterbereich über Handelspaneldaten. Meist werden die Daten für ein regelmäßiges Tracking nach einem festen Analyseraster aufbereitet. Darauf sollte auch keineswegs verzichtet werden. Denn solche Analysen zeigen schnell und zuverlässig die Symptome guter oder schlechter Markenführung auf und können so auf vertiefenden Analysebedarf hinweisen. Genau in diesem weiteren Schritt können wichtige Erkenntnisse für die Marktintelligenz gewonnen werden. Mit Hilfe einer zielgerichteten und hypothesengeleiteten Analyse liefern auch klassische Datenquellen „Smart Data". Welche weitreichenden Erkenntnisse sich aus dieser Art der internen Datenanalyse ergeben können, zeigen die beiden Fallbeispiele „Wenn der Rekord trügt" und „Die richtige Zielgruppe für VFM-Marken".

> **Fallbeispiel: quantitative Datenanalyse – wenn der Rekord trügt**
> Bei diesem Fallbeispiel aus unserer Beratungspraxis geht es um eine Premium-Marke, die im B2C-Bereich tätig ist. Die Marke hatte über mehrere Jahre ein kontinuierliches organisches Umsatzwachstum erzielen können. Mit einer deutlichen Ausweitung der Kapazitäten konnte in der Folge das nach Umsatz betrachtet beste Jahr der Unternehmensgeschichte verzeichnet werden. Im darauffolgenden Jahr gingen die Umsätze allerdings trotz einer weiteren Kapazitätserhöhung relativ deutlich und überraschend zurück. Was war hier geschehen? Durch eine gezielte Analyse der Tarifstruktur stellte sich heraus, dass der Rekordumsatz zu einem sehr großen Teil durch preislich für Kunden sehr attraktive Sonderangebote zustande gekommen war. Mit der Ausweitung der Kapazitäten war auch ein Anstieg kurzfristig angebotener, rabattierter Angebote einhergegangen. Im Jahr des Umsatzrekordes hatte dies sogar dazu geführt, dass mehr Kunden zu Sondertarifen als zum regulären Preis gekauft hatten – d. h. den Mehrumsatz hat man sich selbst erkauft. Neben dem Margenverlust hatte diese Preispolitik allerdings auch direkte Rückwirkungen auf die Markenwahrnehmung von Kunden und Absatzmittlern. Beide Gruppen wurden quasi zu

5.2 Erfolgsfaktoren der agilen Markenführung

Schnäppchenjägern erzogen. Wenn man nur lange genug wartete, konnte man ein attraktives Sonderangebot bekommen bzw. dem Kunden als Verkäufer ein solches Angebot unterbreiten, das quasi ohne Leistungseinbußen auskam. Dies wirkte sich entsprechend negativ auf die Positionierung als Premium-Marke aus. Außerdem erzielte ein Hauptwettbewerber aus dem VFM-Segment sogar höhere durchschnittliche Erlöse als der Premiumanbieter. Das Beispiel zeigt, wie die Ausgestaltung einzelner Elemente des Marketing-Mix Einfluss auf die Stärke einer Marke nehmen kann und wie sich aus der Analyse unternehmenseigener Daten Anknüpfungspunkte für die Markenführung ergeben können.

Nicht nur die Markenanalyse mit quantitativen Daten kann sehr aufschlussreich sein. Sie sind gerade relativ neu für eine Marke zuständig, die aktuell hinter den gesetzten Zielen zurückbleibt? Dann haben wir einen einfachen, aber effektiven Tipp: Gehen Sie ins Unternehmens- oder Abteilungsarchiv und **studieren Sie die gesamte Markengeschichte**. Nicht nur die schöne Unternehmens-PR, sondern alle Kampagnen, Kommunikationsmaterialien und Marktforschungsergebnisse, die Sie finden können. Gerade im Marketing ist die Personalrotation in vielen Unternehmen besonders stark. Mit personellen Änderungen gehen meist auch inhaltliche oder strategische Schwenks einher. Auch wenn eine Marke in der Gegenwart die betriebswirtschaftlichen Erwartungen nicht erfüllt: Sie muss über einen Zeitraum eine starke Position erarbeitet haben, sonst würde es die Marke wahrscheinlich nicht mehr geben. Ein Blick in die Markenhistorie zeigt häufig, dass es nicht eine einzelne Entscheidung war, die zur Abnahme von Brand Equity geführt hat. Meist erkennt man eher die berüchtigte ‚Salami-Taktik'. Scheibchenweise haben sich mehrere Entscheidungen, die einzeln betrachtet evtl. noch sinnvoll erscheinen, verstärkt, bis sie in Summe zu weit gingen und die Marke in eine Abwärtsspirale geschickt haben. Marken mit langer Geschichte, bei denen eine solche Entwicklung zu beobachten ist, kann sehr häufig mit einer Strategie unter dem Motto „Zurück zu den Wurzeln" entscheidend geholfen werden.

> **Fallbeispiel: quantitative Datenanalyse – die richtige Zielgruppe für VFM-Marken**
>
> In Abschn. 3.2.1 hatten wir das Konzept der VFM-Marken vorgestellt und das Segment anhand des Zigarettenmarktes veranschaulicht. Diesen Markt wollen wir am Beispiel der Niederlande an dieser Stelle wieder aufgreifen. Die Besonderheit des niederländischen Tabakmarktes besteht in der Stärke des Segmentes für Rolltabak, das traditionell im weltweiten Vergleich einen der größten Anteile am Gesamtmarkt für Tabakprodukte hat. Angesichts der kontinuierlich steigenden Preise für Tabakprodukte generell war Rolltabak immer eine

Möglichkeit, Geld zu sparen, da das Segment preislich niedriger liegt als das Hauptsegment der Fabrikzigaretten. Für Fabrikzigaretten war allerdings das Wachstum von VFM-Marken besonders stark. Die Frage, welche Kunden hinter dem Wachstum von diesen VFM-Marken stehen, ist also für Zigarettenanbieter hoch relevant. Zur Beantwortung dieser Frage stellte sich eine Analyse von Handelspanel-Daten als sehr aufschlussreich heraus. Diese zeigte zum einen eine bekannte Trennung des Marktes: Rolltabak ist in den Niederlanden eine männlich dominierte Produktkategorie, während die Mehrheit der Raucher von Fabrikzigaretten weiblich ist. Darüber hinaus wurde aber auch eine weitere ‚Geschlechtertrennung' im Segment „Fabrikzigaretten" deutlich. Die stark wachsenden VFM-Marken hatten durchgehend einen Raucherinnen-Anteil teils weit über dem Segmentdurchschnitt. Männer wählten hingegen überwiegend die traditionellen Premium-Marken. Diese Erkenntnis war die Grundlage zur Formulierung der Forschungshypothese, dass Frauen für das Wachstum von VFM-Marken verantwortlich sind. Im Rahmen anschließender qualitativer Forschung konnte diese Hypothese eindeutig bestätigt werden. Raucherinnen sind in ihrem Umfeld meist die ersten, die auf VFM-Marken umsteigen und dann auch häufig ihre männlichen Partner, Freunde oder Familienmitglieder von den Vorzügen des „Smart Smoking" überzeugen. Auf Basis dieser Insights kann somit sehr genau die Zielgruppe für VFM-Marken bestimmt werden, was die Grundlage für eine effektive Markenführung und Marketing-Mix-Gestaltung legt.

Explorative qualitative Marktforschung
Aufgrund der aus unserer Sicht besonders großen Bedeutung qualitativer Forschungsmethoden zur Generierung von Insights setzen wir uns mit dem Thema etwas intensiver auseinander. In diesem Bereich lassen sich generell vier Typen unterscheiden (Gordon 1999, S. 77 ff.):

- Die Gruppendiskussion bzw. Fokus-Gruppe
- Das Einzelinterview
- Beobachtende Methoden
- Interaktive Workshops

Diese vier Techniken zur Exploration des Kundenverhaltens sind in der Forschung etabliert und haben sich in der Praxis vielfach bewährt. Alle Methoden haben gemein, dass mit ihrem Einsatz Erkenntnisse zu den Verhaltenstreibern von Kunden, wie ihren Bedürfnissen, Motiven, Einstellungen oder Kaufentscheidungskriterien, gewonnen werden können. Ein Beispiel für einen solchen Insight zeigt das Fallbeispiel „Der heimliche Qualitätsindikator von ‚Hans im Glück'".

5.2 Erfolgsfaktoren der agilen Markenführung

Fallbeispiel: der heimliche Qualitätsindikator von „Hans im Glück"

Im Bereich der Systemgastronomie ist das Burgergrill-Konzept von Hans im Glück in den letzten Jahren eines der erfolgreichsten am deutschen Markt und sehr schnell gewachsen. Hans im Glück ist in der Lage, die steigende Nachfrage nach hochwertigeren Burgern (gegenüber klassischen Fast-Food-Produkten à la McDonald's) mit einem besonderen Restauranterlebnis zu verbinden. Die Filialen von Hans im Glück sind alle sehr aufwendig eingerichtet, mit dem namensgebenden Märchen als Hauptinspirationsquelle. Besonders im Gedächtnis bleibt Gästen der Birkenwald, in dem man seine Burger zu sich nimmt (s. Abb. 5.2). Die Einrichtung wirkt so individuell und ausgefallen, dass viele Gäste Hans im Glück nicht für eine Kette halten und sehr erstaunt sind, wenn sie, z. B. in einer anderen Stadt, ein weiteres Restaurant des Unternehmens sehen, das genauso eingerichtet ist. Neben dem Erlebnischarakter ist in der Gastronomie heute entscheidend, glaubhaft die Qualität des eigenen Angebots zu unterstreichen. Gerade das Thema „Fleischqualität" spielt für viele Konsumenten eine immer wichtigere Rolle.

Im Rahmen eines unserer Forschungsprojekte in der Branche konnte im Falle von Hans im Glück ein etwas überraschender Qualitätsindikator identifiziert werden. Grundsätzlich wurde in der qualitativen Studie die Produktqualität bei Hans im Glück als gut eingestuft, ebenso wie das Preis-Leistungs-Verhältnis. Als Qualitätsindikator stand allerdings in der Wahrnehmung der befragten Gäste nicht das Fleisch an erster Stelle, sondern der Heumilchkäse. In der Speisekarte wird unter der Überschrift „Qualität" der Heumilchkäse gegenüber den weiteren Themen „Zubereitung", „Burger" und „Soßen" am ausführlichsten wie folgt beschrieben:

Heumilchkäse:

Im Salzburger Flachgau finden wir noch eines der letzten traditionellen Heumilchgebiete Europas. Viele bäuerliche Familienbetriebe bieten in dieser Region die Basis für die naturnahe und nachhaltige Milchproduktion. Die Besonderheit: Den Jahreszeiten angepasst, verbringen die Kühe jeden Sommer auf Wiesen und Almen, wo über 50 aromatische Gräser und Kräuter wachsen. Im Winter bekommen die Kühe ausschließlich sorgfältig geerntetes Heu.

Die Mehrheit der befragten Hans im Glück-Besucher hatte wahrgenommen, dass ein spezieller Käse angeboten wird und es gab zahlreiche ungestützte Nennungen dieses Qualitätsaspekts. Viele erinnerten sich sogar an die genaue

Bezeichnung „Heumilchkäse". Durch die prominente Platzierung in der Speisekarte und die inhaltliche Beschreibung, die Regionalität, Nachhaltigkeit und artgerechte Tierhaltung kommuniziert, wird eine sehr positive Qualitätswahrnehmung bei den Kunden erzeugt, die sich sogar auf das gesamte Angebot und die restlichen Zutaten ausdehnt. Ob dies nun konzeptionelle Absicht oder ein Zufallstreffer war: Das Beispiel zeigt, wie sich mithilfe qualitativer Forschung Erfolgsfaktoren einer Marke aus Kundensicht identifizieren und für die Markenführung nutzen lassen.

Zur **Auswahl einer Methode** für das eigene individuelle Forschungsprojekt können verschiedene Kriterien herangezogen werden, einige der wichtigsten stellen wir im Folgenden näher vor. Methodische Richtlinien und Standards guter Forschungspraxis lassen wir an dieser Stelle bewusst aus, denn eine professionelle Durchführung der jeweils ausgewählten Methoden versteht sich von selbst.

Eine Grundsatzfrage stellt oft die Entscheidung dar, ob **Einzelinterviews oder Gruppendiskussionen** zum Einsatz kommen sollen. Hier kann in vielen Fällen

Abb. 5.2 Inneneinrichtung Hans im Glück Burgergrill. (Foto: HANS IM GLÜCK Franchise GmbH)

5.2 Erfolgsfaktoren der agilen Markenführung

schon die Befragten-Zielgruppe für das eine oder andere Instrument sprechen. Ist die Zielgruppe hinsichtlich der Grundgesamtheit sehr klein, schwer zu erreichen oder hat wenig Zeit (wie bei Kunden oder Entscheidern im B2B-Bereich häufig der Fall), hat man fast keine andere Wahl als Einzelinterviews durchzuführen. Das muss nichts Schlechtes sein, denn in einer Einzelgesprächssituation können die Meinungen und Einstellungen des Befragten tiefer gehend und detaillierter diskutiert werden. Außerdem können, wenn nötig, auch sensiblere Themen angesprochen werden, auf die in einer Gruppensituation ungern oder gar nicht geantwortet würde. Noch ein Wort zum Thema „Rekrutierung im B2B-Bereich": Unterschätzen Sie nicht die Bereitschaft von potenziellen Forschungsteilnehmern, auch für Gruppen- oder Workshop-Formate zur Verfügung zu stehen. Wir haben festgestellt, dass es meist eher ein Termin- als ein Motivationsproblem ist. B2B-Kunden finden es besonders wertschätzend, wenn man sich für ihre Meinung in ihrer Rolle als Experten interessiert. Oft ist es auch ein kleiner Wissensbonus, im Rahmen von Forschungsprojekten mit anderen Branchenvertretern oder mit branchenfremden Entscheidern in ähnlichen Bedarfssituationen zusammenzukommen.

Unsere ganz persönliche Meinung: Wenn es organisatorisch möglich ist, bevorzugen wir den Einsatz von Gruppendiskussionen oder anderen beobachtenden Formaten, die Interaktion zwischen Moderator und Teilnehmern, zwischen den Teilnehmern untereinander und gerne auch zwischen Teilnehmern und Marken-Vertretern (dazu später mehr) ermöglichen. Mit einem relativ geringen Zeitaufwand kann eine große Bandbreite an Themen erforscht werden. Außerdem steigern die Interaktion und Diskussion der Teilnehmer untereinander den Erkenntnisgewinn meist erheblich.

Für Formate wie die Gruppendiskussion ist die Stichprobendefinition sehr wichtig. Heute ist auch die Rekrutierung sehr spezieller Zielgruppen möglich, um die bestmögliche Prüfung der Forschungshypothesen zu erreichen. Nehmen wir wieder die Situation an, eine etablierte und lange Zeit erfolgreiche B2C-Marke hat unter einem relativ plötzlichen Kundenschwund zu leiden. In diesem Fall sind aus unserer Erfahrung Menschen, die über eine lange Zeit Stammkunden waren, jetzt aber über einen signifikanten Zeitraum nicht mehr die Marke gekauft haben, äußerst interessante Gesprächspartner. Sie werden sehr wahrscheinlich sagen können, was mit der Marke schiefgelaufen ist.

Die Effektivität qualitativer Forschung erhöht sich weiter, wenn Marken-Vertreter möglichst aktiv in den Prozess involviert sind. Bei Gruppendiskussionen sind sie klassisch in der passiven Beobachterrolle, meist hinter dem berühmt-berüchtigten Einwegspiegel. Wenn es machbar ist, verzichten wir in unserer Forschungspraxis auf diese räumliche Trennung. Es entsteht für alle Beteiligten eine natürlichere Situation. Natürlich ist ein Setup ohne Spiegel noch künstlich und laborähnlich, aber die Befragten sind nicht mehr die Protagonisten auf einer ‚Kinoleinwand', vor der es sich die Unternehmensvertreter gemütlich machen können. Durch diese Maßnahme können sich Marken-Vertreter auch direkt in die Diskussion einschalten.

Einen stärkeren Grad an Involvement für Unternehmens-Entscheider bieten allerdings Methoden, die unter die Kategorien der **partizipativ-beobachtenden Verfahren** oder **interaktive Workshops** fallen. Interaktive Workshops sind generell eine sehr vielseitige Kategorie der qualitativen Forschung. Im Mittelpunkt steht in der Regel die Bearbeitung eines konkreten Problems oder einer Fragestellung in einer Gruppe. Teilnehmer können Kunden, Unternehmensvertreter und Dienstleistungspartner, z. B. aus der Kommunikationsagentur, sein. Unter Einsatz von Moderation und Kreativitätstechniken wird gemeinsam eine Lösung für die jeweilige Problemstellung erarbeitet. Dabei steht bei dieser Art der Forschung das funktions- und hierarchieübergreifende Involvement der Mitarbeiter im Vordergrund – vor der gemeinsamen Analyse der Ergebnisse. Die Beteiligung sollte sich auf die Erhebung und die gemeinsame Diskussion der gewonnenen Erkenntnisse konzentrieren. Die konkreten Entscheidungen zur Markenstrategie müssen auf Basis der Analyse durch die Geschäftsführungsebene getroffen werden. Denn aus einem vollkommen demokratischen Entscheidungsprozess entsteht (leider) meist nur Mittelmaß.

Eine der von uns bevorzugten Varianten ist die **Einbindung von Beobachtungsmethoden in ein Workshop-Format**. Zum Standard partizipativ-beobachtender Techniken gehören sogenannte „Home Visits" und „Shop-Alongs". Dabei besucht der beobachtende Forscher den Teilnehmer in seinem Zuhause oder besucht mit ihm zusammen den jeweiligen „Point-of-Purchase" bzw. „Point-of-Experience". Eine Kombination von Hausbesuch und gemeinsamen Einkauf bietet sich in vielen Produktkategorien an. Diese Methodik ermöglicht einen sehr tiefen Einblick in die Lebenswelten der Zielgruppe und ermöglicht weitreichende Interaktionsmöglichkeiten. Der Markenvertreter als Beobachter wird selbst zum Forscher und erhält Erkenntnisse aus erster Hand. Dieses starke Involvement ist auch schon ein erster wichtiger Baustein, der helfen kann, Marktintelligenz im Unternehmen zu verteilen (s. Abschn. 5.2.1.3). Empfehlenswert ist eine anschließende gemeinsame Aufarbeitung des Erlebten in einem Workshop. Unternehmens-Entscheider sollten nach ihrer vorübergehenden Forschungstätigkeit nicht einfach wieder an den Schreibtisch zurückkehren. Die gewonnenen Erkenntnisse müssen anhand der Forschungshypothesen eingeordnet und bewertet werden, um sie in nutzbare Marktintelligenz zu transformieren. Wie ein solcher Forschungs-Work-

5.2 Erfolgsfaktoren der agilen Markenführung

shop aussehen kann und welche Ergebnisse dabei generiert werden können, zeigt das Fallbeispiel „Full Body Contact mit der russischen Kunden-Seele".

> **Fallbeispiel: Full Body Contact mit der russischen Kunden-Seele**
>
> Bei der Erschließung neuer Märkte spielt das Wissen über spezielle Merkmale des lokalen Kundenverhaltens eine besonders große Rolle. Ab Mitte der 2000er-Jahre bestand ein Schwerpunkt unserer Beratungstätigkeit in Projekten zu Markentransfers auf den russischen Markt. Dieser ist wegen der historischen und politischen Entwicklung sehr speziell. Auch aufgrund von kulturellen Einflüssen unterscheidet sich das Kundenverhalten in vielen Facetten von dem, was etablierte westliche Unternehmen mit ihren starken Marken in ihren Heimatländern gewohnt sind.
>
> Besonders häufig setzten wir im Rahmen dieser Projekte zur Generierung von Marktintelligenz „Home Visits" in Verbindung mit „Shop-Alongs" ein. Um einen Markt gut abzudecken, empfiehlt es sich, bei der Rekrutierung der Teilnehmer auf einen breiten Marken-Mix zu setzen. So können erste Erkenntnisse sowohl zur eigenen Marke als auch zu den relevantesten Wettbewerbern gewonnen werden. Da die Stichprobengröße methodenbedingt – ideal sind zehn bis 20 „Forschungspaare" – ohnehin nicht repräsentativ ist, kann man auf ein breites Marken- oder Zielgruppenspektrum setzen.
>
> In den Kundenteams war meist ein großer Anteil an Managern aus dem westlichen Ausland vertreten. Für diese war oft schon der Weg zu ihrem Forschungspartner – meist durch die Metropole Moskau – ein Erlebnis für sich. Durch die persönliche Auseinandersetzung mit den Lebenswelten der Teilnehmer konnten darüber hinaus zahlreiche wichtige Erkenntnisse zum Kundenverhalten gewonnen werden, die in einem Marktforschungsstudio nur schwer herauszuarbeiten gewesen wären. So spielt in Russland Prestige kulturell eine sehr große Rolle. Nach außen hin sind viele Russen streng darauf bedacht, einen möglichst guten Eindruck zu machen. Ein Marken-Entscheider, der von seinem Forschungspartner in teure Modelabels gekleidet abgeholt, dann aber in eine Zweizimmerwohnung geführt wird, in der sechs Personen leben, weiß, wie wichtig Prestige und der schöne Schein nach außen im Kaufentscheidungsverhalten sind. Aufgrund der dynamischen wirtschaftlichen Entwicklung im Russland dieser Zeit – sowohl im positiven wie im negativen Sinn – gaben die Menschen ihr Geld auch lieber in der Gegenwart aus. Die Zukunft war in ihren Augen einfach zu unsicher und Sparen damit relativ sinnlos. Bei den Forschungen vor Ort wurde außerdem regelmäßig deutlich, dass ausländische Produkte in so gut wie allen

Kategorien einen sehr guten Ruf und eine hohe Qualitätswahrnehmung haben. Das bezog sich nicht nur auf „Made in Germany". Die Marken profitieren dabei extrem vom niedrigen Ansehen einheimischer Angebote. Bis auf wenige Ausnahmen bestand kein Vertrauen in die russische Herstellungskompetenz. Komplett im Ausland entwickelte und produzierte Produkte haben also sehr gute Startvoraussetzungen. Für weitere Erkenntnisse zur russischen Kunden-Seele können wir auf Bruce und Glubokovskaya (2008) verweisen.

Der organisierte und informelle Austausch im anschließenden Workshop zur Sammlung und Aufarbeitung der Erlebnisse ist ein sehr wichtiger Teil des Prozesses. Empfehlenswert ist es, wenn es pro erforschter Marke oder Zielgruppe mindestens zwei Teilnehmer gibt. Dadurch kann im Workshop sowohl im Plenum als auch in Kleingruppen (pro Marke/Zielgruppe) gearbeitet werden.

Auch vor der qualitativen Marktforschung hat die Digitalisierung nicht haltgemacht. Es stehen heute umfangreiche Möglichkeiten zur Verfügung, online-gestützt qualitativ zu forschen. So ist z. B. die Durchführung einer Fokusgruppe online in Form einer Videokonferenz möglich. Nützlich ist diese Variante insbesondere, wenn die Teilnehmer räumlich weit voneinander entfernt sind. Außerdem ist es möglich, die Gruppendiskussion über einen deutlich längeren Zeitraum in Form von einzelnen Etappen durchzuführen. Für die qualitative Forschung wurden auch Plattformen aus den sozialen Medien übernommen und erfolgreich eingesetzt. In geschlossenen Communitys können Teilnehmer beispielsweise per Blog Tagebuch zu vorher bestimmten Forschungsthemen führen oder sich in einem Forum in einer größeren Gruppe dazu austauschen. Besonders effektiv ist mit den digitalen Methoden die Einbindung von Medien wie Fotos oder Videos möglich, die die Erkenntnistiefe weiter steigern können.

▶ **Qualitative Forschung zur Generierung von Insights – das sollten Sie beachten**
- Nutzen Sie wann immer möglich gruppenbasierte Methoden.
- Verwenden Sie besonders viel (geistigen und organisatorischen) Aufwand zur Definition der Forschungszielgruppen.
- Sorgen Sie für ein hohes Involvement von Marken-Vertretern am Forschungsprozess in Form von funktions- und hierarchieübergreifenden Teams.
- Arbeiten Sie jede durchgeführte Methode anhand der Forschungshypothesen intensiv auf.

Netnografie

Im vorangegangenen Abschnitt wurden hauptsächlich aktive Formen beobachtender Methoden vorgestellt, die auf persönliche Beziehungen zwischen Forscher und Teilnehmer setzen. Die Methode der Netnografie ist eher passiver Natur, aber deshalb nicht weniger nützlich. Der Begriff „Netnografie" wurde von Robert Kozinets geprägt und ist ein Kunstwort, zusammengesetzt aus „Ethnografie" und „Internet". Im Zusammenhang mit Marktforschung ist Ethnografie die persönliche, intensive Auseinandersetzung mit Kunden oder anderen relevanten Zielgruppen unter der Zielsetzung, deren Verhalten zu verstehen und zu systematisieren. Klassischerweise ist die Beobachtung ‚von Angesicht zu Angesicht' dabei das bevorzugte Mittel. Die bereits vorgestellten Methoden des „Home Visits" und des „Shop-Alongs" haben somit ebenfalls ethnografische Züge.

Internetbasierte Kommunikationsmedien bieten nun eine ganz neue Grundlage zur Anwendung ethnografischer Forschungstechniken. Die Menge an öffentlich zugänglichen Kommunikationsinhalten in Blogs, Foren, sozialen Netzwerken und anderen Online-Medien ist riesig. Ein großer Vorteil der Netnografie besteht darin, dass online für so gut wie jedes Produkt bzw. jede Dienstleistung ausreichend große Datenmengen existieren, die in manchen Fällen quasi nur darauf warten, analysiert zu werden. Wie in keinem anderen Medium zuvor werden im Internet Kommunikationsinhalte gespeichert und archiviert, sodass die Daten für gezielte Suchanfragen sehr komfortabel zur Verfügung stehen (Kozinets 2010, S. 68 ff.).

Es ist somit theoretisch sehr gut möglich, tief in eine Produktkategorie oder eine Community einzutauchen, ohne den Schreibtisch zu verlassen. Wir empfehlen zwar, sich bei der Generierung von Marktintelligenz nicht nur darauf zu verlassen, aber als Vorbereitung oder Ergänzung weiterer Forschungsmethoden ist Netnografie sehr gut geeignet. Die Durchführung eines Projektes lässt sich idealtypisch in die folgenden fünf Schritte gliedern (Kozinets 2010, S. 61):

1. Definition der Forschungsfragen und -themen
2. Identifikation und Auswahl der Communities und Datenquellen
3. Beobachtung der Communities und Datensammlung
4. Datenanalyse und iterative Interpretation der Ergebnisse
5. Aufbereitung und Dokumentation der Forschungsergebnisse

Ein Diskussionspunkt bei der Anwendung der Netnografie ist das Thema der Anonymität im Internet. Inwieweit kann man Online-Kommunikation trauen? Diese Problematik muss man ohne Zweifel bei der Analyse der Daten im Hinterkopf haben. Widersprüchliche oder zweifelhafte Aussagen mit potenziell hoher Relevanz können ein Ansatzpunkt sein, die man mit anderen „face-to-face"-Forschungstechniken überprüfen kann. Andererseits gibt die Anonymität auch die Chance, über persönliche und sensible Themen zu sprechen, die für klassische qualitative Forschungsmethoden eher ungeeignet sind. Anhand des Fallbeispiels „Busenfreundinnen tauschen sich online über den idealen BH aus" wird deutlich, wie der Faktor „Anonymität" zu besonders relevanten Erkenntnissen beitragen kann. Im Zusammenhang mit dem Wahrheitsgehalt von Online-Kommunikation ist außerdem noch anzumerken, dass Foreninhalte o. Ä. in einem ‚natürlichen' Umfeld entstehen und nicht in einem künstlich bzw. gezielt herbeigeführten Marktforschungskontext. Dies wird als Faktor anerkannt, der die Glaubwürdigkeit von online getätigten Aussagen stärkt.

Fallbeispiel: Busenfreundinnen tauschen sich online über den idealen BH aus

Dank der Möglichkeit zur anonymen Kommunikation sind im Internet auch persönlichere und heikle Produktkategorien sehr präsent. So wird auch das Thema „Damen-Unterwäsche" online rege diskutiert. Eine viel genutzte deutschsprachige Plattform in diesem Bereich ist das Forum busenfreundinnen.net, das sich ganz dem Austausch zum Thema „BH" verschrieben hat. In der Community werden viele nutzergenerierte Inhalte geboten: Reviews zu einer Vielzahl von Modellen, Tipps zu Läden und Bezugsquellen oder Hilfe bei der Findung des richtigen BHs für jeden Anlass. Das Forum hat über 5.700 registrierte Nutzer – und sehr viele unregistrierte mehr – die knapp 490.000 Beiträge geschrieben haben (Stand: September 2015). Mittlerweile ist aus den Inhalten der Community sogar ein „BraWiki" entstanden, mit „allem, was du schon immer über BH wissen wolltest". Eines der am häufigsten genutzten Angebote ist die Bestimmung der individuell richtigen BH-Größe. Nutzerinnen können anhand eines Leitfadens ihre Angaben hinterlassen und die Moderatorinnen des Forums geben auf dieser Basis eine persönliche Empfehlung.

Natürlich sind in so einem Forum auch Marken ein großes Thema. Der Austausch zwischen den Nutzerinnen kann daher eine sehr gute Quelle für Erkenntnisse zur eigenen Marke und generellen Kundenwünschen sein oder auch Ideen für Produktanpassungen oder andere Gestaltungsmöglichkeiten im Marketing-Mix liefern. In einem unserer Beratungsprojekte wurde dies für die Marke Wonderbra besonders deutlich. Die Marke hat eine enorm hohe Bekanntheit und steht quasi als Synonym für die Kategorie Push-up-BH. Die Kategorie ist eng mit speziellen Anlässen verbunden, zum Beispiel mit dem Tragen eines schulterfreien Kleides. Sehr beliebt und geschätzt sind im Wonderbra-Sortiment

5.2 Erfolgsfaktoren der agilen Markenführung

daher besonders die trägerlosen Modelle. Bei diesen und anderen Wonderbra-Modellen stellte sich aber bei der Analyse der Diskussionen u. a. bei busenfreundinnen.net heraus, dass das Finden der richtigen Größe hier besonders knifflig ist. Die Erkenntnis-Kombination aus der hohen Kunden-Wertschätzung für die Marke und dem andererseits bestehenden Bedarf nach nützlicher und funktionaler Information bietet eine sehr gute Grundlage zur inhaltlichen Weiterentwicklung der Marke und zur Entwicklung effektiver Kommunikation, z. B. in Form von Online-Ratgeber-Tools.

Für die praktische Durchführung von Netnografie-Studien gibt es zum einen spezialisierte Dienstleister, die mit eigener Software und Suchalgorithmen die Identifikation von Datenquellen und eine effiziente Datenerhebung und -analyse übernehmen können. Zum anderen ermöglichen es gängige Suchmaschinen und kostenlose Onlineservices, die z. B. speziell für das Durchsuchen von Foren oder sozialen Medien ausgelegt sind, Netnografie in Eigenregie durchzuführen. In diesem Fall ist allerdings mit einem deutlichen kleineren Daten- und Ergebnisumfang zu rechnen. Soll Netnografie nicht die Hauptmethode zur Generierung der Marktintelligenz sein, kann ein solches Vorgehen aber durchaus genügend wertvolle Erkenntnisse liefern. Unabhängig davon, wie der Prozess durchgeführt wird, kann Netnografie einen positiven Nebeneffekt haben: Durch die systematische Datenerhebung kann man Experten oder Meinungsführer in der eigenen Produktkategorie finden, z. B. Verfasser viel gelesener Blogs oder Foren-Moderatoren. Diese Personen können eine sehr gute Wahl z. B. für ein Einzelinterview sein, um noch mehr von ihrem Wissen zu profitieren.

5.2.1.3 Verbreitung und Anwendung der Marktintelligenz im Unternehmen

Wie zu Beginn dieses Kapitels geschildert, ist die Entwicklung von Marktintelligenz die Grundlage zur Nutzung der Prinzipien der agilen Markenführung. Die individuelle inhaltliche Ausgestaltung der Handlungsempfehlungen in den folgenden Abschn. 5.2.2 bis 5.2.4 ist ohne sie nicht möglich. Im Umkehrschluss sorgt somit die Anwendung der Prinzipien der agilen Markenführung automatisch für die Verbreitung von Marktintelligenz, da sie auf den gewonnenen Erkenntnissen beruhen. Daher wollen wir uns an dieser Stelle kurzfassen und nur noch einige Faktoren ansprechen, die für die Verbreitung von Marktintelligenz innerhalb eines Unternehmens generell förderlich sind.

Einer dieser Faktoren ist schon bei der Generierung von Insights zur Sprache gekommen. Ein hohes persönliches **Involvement von Unternehmens-Entscheidern** am Forschungsprozess kann die Akzeptanz der Ergebnisse deutlich steigern. Wer die Impulse aus dem Markt selbst erlebt und die Erkenntnisse daraus mit abgeleitet hat, kann sich deren Wirkung nur schwer entziehen. Für eine hohe Akzeptanz und eine daraus resultierende schnelle Verbreitung im Unternehmen empfiehlt sich außerdem die **Beteiligung aller relevanten Fachbereiche am Forschungsprozess**. In den vernetzten Märkten von heute muss eine Marke an allen Touchpoints agil geführt werden. Daher sollte sich der Teilnehmerkreis nicht auf Geschäftsführung und Marketing beschränken. Holen Sie von Anfang an Vertrieb, Personal, Operations, Einkauf usw. mit ins Boot. So fließt eine maximal breite Expertise in die Markenführung ein und man kann dem „Not Invented Here"-Syndrom vorbeugen. Markenführung ist in erster Linie Chefsache, daher sollten möglichst die jeweiligen Abteilungsleiter involviert werden. Nicht zuletzt auch, damit die Größe des Projektteams handhabbar bleibt.

Aus einem Prozess zur Entwicklung von Marktintelligenz entstehen nicht nur Erkenntnisse, die sich ausschließlich für die Anwendung der Prinzipien agiler Markenführung nutzen lassen. Auch wenn nur obere Hierarchieebenen direkt am Forschungsprozess beteiligt sind: Sorgen Sie dafür, dass auch die Mitarbeiter an der ‚Frontline' von den für sie jeweils relevanten Erkenntnissen profitieren. Dies gilt umso mehr nach dem Abschluss eines Projektes zur Einführung agiler Markenführungsprinzipien. Gerade der Aspekt der Operationalisierung der Markenstrategie (s. Abschn. 5.2.3) ist entscheidend für die Steigerung der Agilität einer Marke. Dies setzt eine kontinuierliche Schulung der Mitarbeiter genauso voraus wie ein gewisses Maß an Kontrolle. Agile Markenführung kann gerne mit einem Knall eingeführt werden. Um Wirkung zu erzielen, gilt es aber, Markenführung auf strategischer und operativer Ebene als Daueraufgabe zu verstehen.

5.2.2 Wie Sie Komplexität in der Markenstrategie reduzieren

Wir haben das Problem der Komplexität in der Markenführung in erster Linie den Modellen zugeschrieben, die zur Positionierung von Marken eingesetzt werden (s. Abschn. 4.1.1). Es wurde deutlich, dass die Art und der Aufbau dieser Modelle ein Produkt der Zeit und der Marktgegebenheiten waren, in denen sie entstanden sind. Damals waren die Faktoren Konsistenz und Kontinuität von allergrößter Bedeutung. Wenn aber die Märkte heute und zukünftig so dynamisch und wechselhaft sind, könnte man fragen, warum es überhaupt noch Instrumente zur festen Definition einer Marke braucht. Mit den Modellen wäre man gleichzeitig auch deren Komplexität los. Wir sind der Überzeugung, dass dies nicht die richtige Lösung ist. Marken brauchen nach wie vor einen **inhaltlich stabilen Kern**. Denn die

Orientierungsfunktion von Marken ist gerade auf veränderungsintensiven Märkten sehr wichtig. Dies steht in engem Zusammenhang mit unserem Verständnis von Agilität. Ohne Orientierung und Ziel werden Entscheidungen beliebig. Hat eine Marke eine klare Haltung, ist die Gefahr, sich in der Dynamik der Märkte zu verlieren und in Aktionismus zu verfallen, anstatt durchdachten Strategien zu folgen, deutlich geringer. Aus dem Kern einer Marke muss hervorgehen, wie für den Kunden Zusatznutzen geschaffen werden soll und als Folge dessen Brand Equity für das Unternehmen entstehen kann. Insbesondere für Marken, die nicht über eine Niedrigpreis-Positionierung am Markt bestehen wollen, ist ein stabiler und kundenrelevanter Markenkern unverzichtbar. Andererseits ist klar, dass auch eine erfolgreiche Preisführerschafts-Strategie große markenführerische Disziplin benötigt.

Die Bedeutung der Orientierungsfunktion von Marken hat sich erweitert. Ursprünglich bezog sie sich so gut wie ausschließlich auf externe Stakeholder, in erster Linie Kunden. Die Rolle des Marketings konzentrierte sich auf das Durchsetzen und die Kontrolle der angestrebten Markenpositionierung. Aufgrund der veränderungsintensiven Märkte muss das Marketing heute mehr gestalten als verwalten. Es gilt mehr und häufiger Entscheidungen zu treffen, wofür auch Marken-Verantwortliche im Arbeitsalltag klare Orientierung brauchen. Ohne einen Markenkern als Bezugspunkt kann das Management einer Marke nur in dem Hinterherlaufen von kurzfristigen Moden und Trends enden. Unternehmens-Entscheider und Mitarbeiter kämen so in das sprichwörtliche ‚Hamsterrad' und die Identifikation mit der Marke bzw. dem Unternehmen würde leiden.

▶ Marken brauchen nach wie vor einen inhaltlich stabil definierten Kern, der am Markt *und* im Unternehmen Orientierung gibt.

Mit der Forderung, einen langfristig ausgelegten Markenkern als ein Instrument der Markenführung beizubehalten, schließen wir uns der weit überwiegenden Meinung in der Marketing-Literatur und -Praxis an. Hier herrscht ebenfalls die Auffassung, dass die Marke nach wie vor langfristig Vertrauen, Orientierung und Differenzierung schaffen muss (Seidel 2014, S. 369; Jowitt und Lury 2012, S. 101 ff.; Jausen 2014, S. 204). Darüber hinaus wird auch in der aktuellen Management-Literatur die Wichtigkeit eines exakt definierten unternehmerischen Kerns hervorgehoben. Dieser ist die Ausgangsbasis für alle Unternehmensaktivitäten und gibt die strategische Richtung vor. Entsprechend eindeutig und bildhaft wird dieser Aspekt dargestellt: „center of gravity" (Dawar 2013), „winning aspiration" (Lafley und Martin 2013) oder – etwas direkter – „well differentiated core" (Zook und Allen 2012).

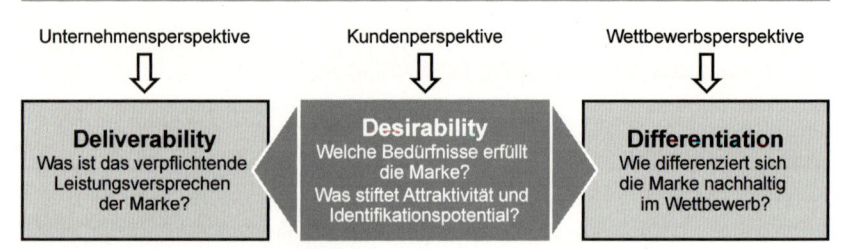

Unternehmensperspektive	Kundenperspektive	Wettbewerbsperspektive
⇩	⇩	⇩
Deliverability Was ist das verpflichtende Leistungsversprechen der Marke?	**Desirability** Welche Bedürfnisse erfüllt die Marke? Was stiftet Attraktivität und Identifikationspotential?	**Differentiation** Wie differenziert sich die Marke nachhaltig im Wettbewerb?

Abb. 5.3 Der Brand-Market Connector

Der „Brand-Market Connector"
Das Bekenntnis zum Markenkern löst allerdings noch nicht das Komplexitätsproblem im Bereich „Markenstrategie und - positionierung".

Wie lässt sich ein auf Langfristigkeit ausgelegter Markenkern definieren, der klare Orientierung schafft, ohne inhaltlich überfrachtet zu sein?

Unsere Antwort darauf ist der „Brand-Market Connector" (BMC), dargestellt in Abb. 5.3. Er bildet ein Markenpositionierungs-Modell, das unter der Zielsetzung konzipiert wurde, die Nachteile klassischer Modelle aufzulösen (s. Abschn. 4.1.1). Diese entstehen hauptsächlich durch den übermäßigen Fokus auf die Selbstbetrachtung der Marke, häufig ohne Verbindung zum Wettbewerb und ohne Einbeziehung der faktischen Leistungsfähigkeit des eigenen Unternehmens. Viele Elemente, deren Auslegung und Hierarchie oft unklar sind, werden definiert, um die Marke zu charakterisieren. Daher haben wir uns beim BMC auf drei Elemente beschränkt. Die Elemente „Desirability" (Attraktivität), „Differentiation" (Differenzierung) und „Deliverability" (Leistungsfähigkeit) definieren die Marke und sollen in ihrem Zusammenspiel dafür sorgen, dass die Marke konkurrierenden Angeboten vorgezogen wird. Die Bezeichnungen der Elemente und ihre inhaltlichen Bedeutungen orientieren sich an Keller (2013, S. 87 f.), der die drei Dimensionen als die entscheidenden Kriterien für eine effektive Markenpositionierung ansieht. An den drei Elementen wird die Bedeutung der Entwicklung von Marktintelligenz (s. Abschn. 5.2.1) besonders deutlich. Sie korrespondieren direkt mit den drei Hauptthemenfeldern der Marktintelligenz, nämlich der Kundenperspektive (Desirability), der Wettbewerbsperspektive (Differentiation) und der Unternehmensperspektive (Deliverability) und nehmen so die Herausforderung vernetzter Märkte (s. Abschn. 3.4) an. Durch diese klare thematische Abgrenzung wird außerdem die inhaltliche Redundanz vermieden, die innerhalb der komplexen Elementstruktur vieler klassischer Positionierungsmodelle entstanden ist.

Die drei Dimensionen des BMC verbinden zwei der klassischen Denkschulen der Unternehmensstrategie: den **Resource-Based- und den Market-Based-View** (s. Hintergrund „Zwei Schulen der Strategieentwicklung"). So wird eine einseitige Konzentration auf die Innensicht (Ressourcen, Kompetenzen, Produkte) oder die

5.2 Erfolgsfaktoren der agilen Markenführung

Außenperspektive (Kundenbedürfnisse, Wettbewerberaktivitäten) vermieden und stattdessen die geeignete Schnittmenge beider Ansätze identifiziert.

„Resource-Based-" und „Market-Based-View": Zwei Schulen der Strategieentwicklung

Der „Resource-Based-View" geht im Wesentlichen auf einen Beitrag von Wernerfelt (1984) zurück. Unter Ressourcen werden dabei alle materiellen und immateriellen Vermögensgegenstände bzw. Aktivposten verstanden, die einem Unternehmen zur Verfügung stehen. Dies können sehr unterschiedliche Dinge sein, wie z. B. spezielle Technologien, qualifiziertes Personal, finanzielles Kapital oder auch Marken (s. Abschn. 2.1). Unter strategischen Gesichtspunkten können solche Ressourcen Quellen für Wettbewerbsvorteile sein. Der Besitz und die Nutzung entsprechender Ressourcen können zum Aufbau von Marktbarrieren führen, die es dem Unternehmen ermöglichen, eine bestimmte Marktposition zu halten und auszubauen. Bei der Erlangung und Nutzung solcher kritischen Ressourcen ist in den meisten Fällen auch von einem starken First-Mover Advantage auszugehen. Der Resource-Based-View als strategische Schule basiert also auf einem von innen nach außen gerichteten Prozess.

Der „Market-Based-View" basiert auf dem genau entgegengesetzten Prozess (Outside-In). Im Deutschen unter dem Begriff „Marktorientierung" gefasst, hat diese Strategie-Schule mehrere prägende Autoren. Einige von diesen und ihre Beiträge haben wir bereits vorgestellt, wie das Positioning-Konzept von Ries und Trout (s. Abschn. 2.2.1) oder die ‚weitsichtige' Wettbewerbsorientierung von Lewitt (s. Abschn. 3.2). Der bekannteste und einflussreichste Autor zum „Market-Based-View" ist allerdings Porter. Das Hauptthema seiner Arbeit ist der Einfluss der Wettbewerbssituation eines Marktes auf die Strategie von Unternehmen. Auf ihn gehen die „Five Forces of Competition" zurück, anhand derer sich die Wettbewerbsintensität in einer Branche beschreiben lässt: die Rivalität zwischen bestehenden Anbietern, die Bedrohung durch neue Anbieter, die Bedrohung durch Ersatzprodukte sowie die Verhandlungsstärke von Abnehmern und Lieferanten (Porter 1998, S. 21 ff.). Auch Porter hat sich intensiv mit dem Thema der strategischen Positionierung von Unternehmen beschäftigt, mit denen ein Unternehmen auf die vorherrschende Wettbewerbssituation reagieren kann. Sehr bekannt sind seine generischen Strategieoptionen: Kostenführerschaft, Differenzierung und Fokus (Nischenstrategie). Diese sind Porters Ansicht nach aber nur geeignet, Strategieoptionen auf einem sehr einfachen Niveau zu beschreiben. In späteren Arbeiten entwickelt er drei Wege, die ein Unternehmen zur Positionierung im Wettbewerb nutzen kann: das Angebot eines bestimmten Produktsegmentes innerhalb eines Marktes (variety-based), die Ansprache spezieller Kundenbedürfnisse und somit von Kundensegmenten (need-based) oder über die Zugänglichkeit bzw. Ansprechbarkeit von Kunden, die ähnliche Bedürfnisse haben können (access-based). Diese verschiedenen Positionierungsmöglichkeiten lassen sich untereinander und mit den generischen Strategieoptionen kombinieren (Porter 1998, S. 49 ff.).

Bevor wir uns den drei Elementen im Detail widmen, noch eine Anmerkung zu ihrer Hierarchie. Wie aus der grafischen Darstellung zu erkennen ist, erklären wir die Desirability zum zentralen Element. Ohne Kundenorientierung kann keine Marke langfristig erfolgreich sein. Weder die Erbringung einer nicht attraktiven Leistung noch ein differenziertes Angebot, das niemanden anspricht, ist Erfolg versprechend. Die Unternehmens- und Wettbewerbsperspektive sind zwar unverzichtbar, aber relevant werden sie nur in Verbindung mit der Kundenorientierung.

Desirability
Das zentrale Element des BMC definiert, wie die Marke beim Kunden Begehrlichkeit erzeugt und einen Kaufwunsch auslöst. Inhaltlich kann man sich dem anhand von zwei Leitfragen nähern:

- Welche(s) Bedürfnis(se) des Kunden erfüllt die Marke?
- Womit stiftet sie Identifikationspotenzial für den Kunden?

Die Beantwortung dieser Fragen stellt sicher, dass die Marke ein attraktives Angebot schafft, welches für Kunden persönlich relevant ist. Das Desirability-Statement, das letztlich für die Marke formuliert wird, muss eine **unmissverständliche Haltung** ausdrücken. Diese ist der Fixstern an dem sich sowohl Kunden als auch Mitarbeiter klar orientieren können. Dieses Element des Modells ist somit das Äquivalent zu Elementen wie der Marken-Essenz oder dem Marken-Versprechen, welche auch in klassischen Positionierungsmodellen im Zentrum stehen.

Für die inhaltliche Entwicklung des Desirability-Statements ist die Nutzung der Erkenntnisse des Marktintelligenz-Prozesses besonders entscheidend. Aus der Exploration des Kundenverhaltens ist das Motiv oder Bedürfnis zu identifizieren, welches die Marke mit ihrem Angebot zuverlässig und glaubhaft bedienen kann. Außerdem muss es die Grundlage für eine ausreichende Differenzierung im Wettbewerb bieten, d. h. konkurrierende Marken bieten derzeit kein vergleichbares oder nur ein ähnliches, aber minderwertiges Angebot. Da es das zentrale Element der Positionierung ist, hat es somit direkte Verbindungen zu den anderen beiden Dimensionen Wettbewerbs- und Unternehmensorientierung.

Als Richtschnur zur Formulierung des Desirability-Statements gilt, dass es das kürzeste der drei Elemente des BMC sein sollte. Eine Auflistung einzelner Worte oder die Nutzung generischer Begriffe wie „kundenindividuelle Lösungen", „bester Service" etc. sind tabu. Im Marktintelligenzprozess hat man sich intensiv mit der Zielgruppe auseinandergesetzt. Das Desirability-Statement sollte in der Sprache der Kunden formuliert werden. Das macht die Positionierung auch für diejenigen Mitarbeiter, die für die Realisierung des Markenversprechens sorgen müssen, zugänglich und identitätsstiftend.

Differentiation
Auf den ersten Blick könnte man sich bei diesem Element fragen, was daran neu oder besonders sein soll. Viele andere Positionierungsmodelle enthalten auch ein Element „Wettbewerbsumfeld" o. Ä. Das ist richtig, allerdings greift unserer

Auffassung nach die dort meist zugrunde liegende Wettbewerbsperspektive zu kurz. Denn meist beschränkt diese sich auf die bloße Aufzählung aktueller Hauptwettbewerber. Das Differentiation-Statement geht weiter und definiert, wie die Marke eine **Bevorzugung gegenüber Konkurrenzangeboten** erreicht und welche **Stellung** sie dadurch **im Wettbewerbsgefüge** einnimmt. Als Marken-Verantwortlicher wird man so gezwungen, Position zu beziehen und es entsteht ein Anspruch, der für das gesamte Unternehmen relevant ist.

Wie weit in diesem Zusammenhang das Wettbewerbsgefüge gefasst wird, hängt maßgeblich von den Erkenntnissen der Marktintelligenz ab. Natürlich muss man sich dabei auf die aktuellen Konkurrenten konzentrieren, denn sie sind unmittelbar in der Lage, die eigenen Kunden für sich zu gewinnen. Die Differenzierung kann nur in Relation zum gegenwärtigen Angebot auf dem Markt gelten. Ist der Eintritt branchenfremder Wettbewerber aber möglich und realistisch? Dann sollte die Formulierung der eigenen angestrebten Wettbewerbsposition ein solches Szenario gleich mitberücksichtigen. Sind die Markteintrittsbarrieren hoch, kann man sich bei der Formulierung auf die bestehenden Konkurrenten beziehen.

Um eine klare Einordnung in das Wettbewerbsgefüge zu erreichen, kann im Differentiation-Statement das anvisierte Marktsegment der Marke aufgenommen werden. Man kann deutlich machen, dass es sich z. B. um eine Luxus- oder VFM-Marke handelt. Dies präzisiert den Anspruchsbereich und den Wettbewerberkreis einer Marke und hat auch direkte Auswirkungen auf die operative Arbeit. Es kann einen großen Unterschied machen, eine bestimmte Position in Relation zum gesamten Markt oder nur in Bezug auf ein Teilsegment einnehmen zu wollen.

Die Marktintelligenz spielt in der Dimension „Wettbewerb" ebenfalls eine wichtige Rolle. Ein effektives Differentiation-Statement ist nur möglich, wenn man die Positionierungen der relevanten Wettbewerber möglichst genau einschätzen kann. Deshalb sollten bei der Generierung der Marktintelligenz auch die Markenwahrnehmungen von Konkurrenz-Kunden erhoben werden.

Deliverability

Das Deliverability-Statement definiert das **Leistungsversprechen der Marke**. Gemeint ist genau die eine Selbstverpflichtung, die erfüllt werden muss, um die beiden anderen Dimensionen des BMC realisieren zu können. Attraktivität für den Kunden und nachhaltige Differenzierung im Wettbewerb sind heute in Zeiten hoher Markttransparenz nur durch eine entsprechend konsequente Produktleistung zu erreichen.

Die Leistungskomponente der Deliverability kann mithilfe faktischer Produkteigenschaften, Kompetenzen oder Marken-Assoziationen definiert werden. Ob es sich beim Inhalt dieses Elements eher um ‚harte' Leistungen und Kompetenzen oder um ‚weiche' Assoziationen handelt, hängt wiederum maßgeblich von den Ergebnissen der Marktintelligenz ab. Dabei gilt es zu erheben, welche Faktoren von der Marke sowohl **zuverlässig geleistet** als auch gegenüber dem Kunden **glaubhaft kommuniziert** werden können. Beide Bedingungen müssen erfüllt sein, um eine nachhaltige Deliverability zu erreichen. Es nützt nichts, sich eine Leistung auf die Fahnen zu schreiben, die mit den vorhandenen Kompetenzen und Ressourcen des Unternehmens nicht umzusetzen ist. Andererseits gilt aber auch „perception is reality": Das Unternehmen muss in der Lage sein, seine Leistungsfähigkeit in der Wahrnehmung der Zielgruppe zu verankern. Eine Wahrnehmungslücke in diesem Bereich ist in einigen Situationen, wie z. B. bei einem Marken-Relaunch, nicht zu vermeiden. In so einem Fall muss ein Fokus in der Umsetzung über den Marketing-Mix darin liegen, diese Lücke so schnell wie möglich zu schließen.

Die Deliverability hat inhaltlich Ähnlichkeit mit den aus klassischen Modellen bekannten „Benefits" oder „Reasons to Believe". Diese beiden Elemente resultieren allerdings besonders oft in langen Aufzählungen von Begriffen wie „perfekter Service", „hohe Qualität", „innovative Lösungen" etc. Dies gilt es bei der Formulierung des Deliverability-Statements unbedingt zu vermeiden. Beschränken Sie sich auf die Faktoren – idealerweise ist es nur einer – die entscheidend dazu beitragen, die Marke attraktiv und differenzierend zu machen. Die Deliverability soll für Mitarbeiter im gesamten Unternehmen einen starken Bezugspunkt und eine Richtlinie für die eigene Arbeit darstellen und nicht nur ein paar zusätzliche Argumente für die Kommunikation beisteuern.

Beispielhafte Anwendung des Brand-Market Connectors
Nachdem die theoretischen Grundlagen für den BMC gelegt sind, wenden wir ihn nachfolgend beispielhaft auf Marken an. Damit wollen wir zeigen, wie die jeweiligen Marken-Statements lauten können und dass eine Positionierung auf Basis des BMC trotz seiner geringen Zahl an Elementen eine Marke umfassend und hinreichend definieren kann.

Die erste Marke, die wir zur Illustration heranziehen, ist **BMW**. BMW ist ein Paradebeispiel für eine klare und relevante Markenpositionierung, die über einen sehr langen Zeitraum Bestand und einen hohen, positiven Brand Equity für das Unternehmen geschaffen hat. Wir wollen unser Modell einem anspruchsvollen Test unterziehen. Es muss in der Lage sein, eine so gut positionierte Marke wie BMW abzubilden. Die Formulierung des Brand-Market Connectors für BMW würden wir wie in Abb. 5.4 dargestellt vornehmen.

Das Desirability-Statement ist „Freude am Fahren". Es spricht die Erwartungshaltung der Zielgruppe an, wenn sie in einen BMW steigt und bietet so ein starkes Identifikationspotenzial. In diesem Fall entspricht das Desirability-Statement dem Claim der Marke. In einem Fall wie BMW, die damit ein langfristig hoch

5.2 Erfolgsfaktoren der agilen Markenführung

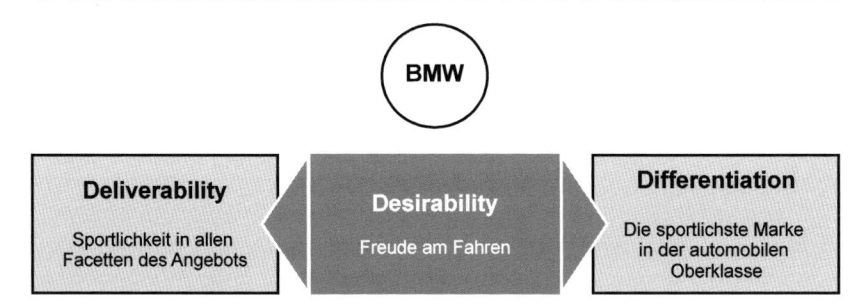

```
                    ( BMW )

  Deliverability      Desirability       Differentiation
  Sportlichkeit in   Freude am Fahren    Die sportlichste Marke
  allen Facetten                         in der automobilen
  des Angebots                           Oberklasse
```

Abb. 5.4 Der Brand-Market Connector am Beispiel BMW

relevantes Bedürfnis der Zielgruppe ansprechen, kann man diese Option nutzen. Grundsätzlich empfehlen wir allerdings eine Formulierung, die unabhängig von der Markenkommunikation ist, da diese als Element des Marketing-Mix von Zeit zu Zeit einem starkem Veränderungsdruck unterworfen sein kann. Das Versprechen von „Freude am Fahren" kann BMW konsequent auf die Dimension der Differenzierung im Wettbewerb übertragen, indem es Anspruch auf die Position der sportlichsten Marke in der automobilen Oberklasse erhebt. Die Referenz auf das Preissegment „Oberklasse" signalisiert gleichzeitig den Premium-Anspruch der Marke. „Sportlichkeit" ist auch der gemeinsame Nenner zur Formulierung der Deliverability. Dieser gibt eindeutig die Richtung für die Ausgestaltung des Marketing-Mix – insbesondere der Produktentwicklung – vor und lässt sich glaubhaft gegenüber der Zielgruppe kommunizieren.

BMW benutzt nicht dieses Modell zur Positionierung seiner Marke. Wahrscheinlich ist es deutlich ausführlicher. Andererseits sind wir der Meinung, dass bei diesem BMC nichts Entscheidendes fehlt. Gerade durch die Möglichkeit, die Marke BMW überhaupt so kompakt darstellen zu können, wird die inhaltliche Stärke der Positionierung deutlich.

Als zweites Beispiel zur Veranschaulichung des BMC haben wir **GoPro** ausgewählt. Das Unternehmen stellt besonders kleine und robuste Videokameras her, die Aufnahmen auch bei extremeren Aktivitäten, wie beim Surfen, Tauchen oder Skifahren, ermöglichen. Viele solcher Clips sind im GoPro Kanal auf der Marken-Website zu sehen: https://de.gopro.com/channel (GoPro 2015). 2002 gegründet, kam das erste Produkt 2004 auf den Markt. Die Marke erschloss im Laufe der folgenden Jahre ein ganz neues Produktsegment: Action-Kameras für Amateure, die Bildmaterial in professioneller Qualität liefern. GoPro ist für seine Produktkategorie fast so synonym geworden wie in Deutschland „Tempo" für Papiertaschentücher. Das Produktangebot und die Markenkommunikation ergänzen sich perfekt mit den Möglichkeiten digitaler Kommunikation und der wachsenden Verbreitung sozialer Medien. GoPro-Kameras sind ideal dazu geeignet, um Erlebnisse in

GoPro

Deliverability	Desirability	Differentiation
Kameras, mit denen man wirklich alle seine Erlebnisse teilen kann.	Werde zu deinem eigenen Helden	Die stabilsten und vielseitigsten Kameras für extreme Situationen

Abb. 5.5 Der Brand-Market Connector am Beispiel GoPro

Form von Videos mit anderen online zu teilen. Es gibt wohl kaum eine Marke, mit deren Hilfe man besser die persönliche Ich-Kampagne unterstützen kann (s. Abschn. 3.1.2). Entsprechend schnell ist die Marke gewachsen. Im Jahr 2014 brachte es das Unternehmen bereits auf einen Umsatz von 1,3 Mrd. US$.

Im Gegensatz zu BMW ist GoPro als Marke gerade in der Zeit groß geworden, in der die meisten der in Kap. 3 dargestellten Entwicklungen stattgefunden haben. Die Marke wurde somit unter ganz anderen Bedingungen aufgebaut. Da ein effektives Positionierungsmodell auch diesem Typ Marke gerecht werden muss, bietet sich GoPro entsprechend gut als Anwendungstest für den BMC an. Wir formulieren ihn wie in Abb. 5.5 dargestellt.

Wir vermuten, dass GoPro kein spezielles Markenpositionierungs-Modell zur Markenführung nutzt. Trotzdem ließe sich die Marke anhand der gewählten „drei Ds" auf umfassende, aber zugängliche Weise definieren. Das Desirability-Statement „Werde zu deinem eigenen Helden" spricht direkt das starke Bedürfnis zur Selbstdarstellung der Zielgruppe an. Über die Vielseitigkeit der Kameras kann sich die Marke nachhaltig im Wettbewerb differenzieren und stellt gleichzeitig einen hohen und eindeutigen Anspruch an sich selbst. Dieser bildet auch die zentralen Anforderungen an die Leistungsfähigkeit der Marke: Die Kameras müssen geeignet sein, wirklich bei jedem Erlebnis dabei sein zu können und das Videomaterial muss leicht mit Freunden geteilt werden können.

Den Brand-Market Connector für die eigene Marke definieren
Grundsätzlich ist bei der Anwendung des BMC zu unterscheiden, ob es für eine neue oder eine bestehende Marke geschehen soll. Bei der Einführung einer neuen Marke ist davon auszugehen, dass über die Generierung von Marktintelligenz entsprechendes Erfolgspotenzial identifiziert wurde und somit Anknüpfungspunkte für die Definition der Markenpositionierung bestehen. Auch die Möglichkeit, die Marke auf einem ‚weißen Blatt' ohne Erbe (oder Ballast) konzipieren zu können,

macht das Unterfangen tendenziell einfacher. Ähnliches gilt für die erstmalige Einführung einer systematischen Markenführung, z. B. bei Start-ups.

Für eine bestehende Marke wird das häufigste Anwendungsszenario ein Marken-Relaunch sein. Hat man sich zu so einer Entscheidung durchgerungen, bedeutet das meist, dass die Marke nicht in der besten Verfassung ist. Der Bedarf, einen Turnaround für die Marke einzuleiten, kann positiv wirken: Er stärkt die Freiheit, die Positionierung der Marke grundlegend zu überarbeiten und nicht bloß ‚alten Wein in neuen Schläuchen' abzuliefern und alte Inhalte in ein neues Modell zu gießen.

Unabhängig von der jeweiligen Situation haben wir abschließend eine Reihe von **Handlungsempfehlungen** zusammengestellt, die die **erfolgreiche Entwicklung eines BMC** erleichtern.

▶ **Die inhaltliche Entwicklung des Brand-Market Connectors – das sollten Sie beachten**
- Ziehen Sie die relevanten Erkenntnisse aus der Marktintelligenz zur Formulierung der drei Statements heran.
- Formulieren Sie die einzelnen Statements so kurz wie möglich. Verwenden Sie klare Aussagen oder ganze Sätze und keine Auflistungen einzelner Begriffe.
- Messen Sie der Kundenperspektive (Desirability) das höchste Gewicht bei.
- Das Desirability-Statement ist nicht gleichzusetzen mit dem Claim oder Slogan einer Marke.
- Aus dem Differentiation-Statement muss ein eindeutiger Anspruch an das eigene Unternehmen deutlich werden, welche Position die Marke im Wettbewerb übernehmen will.
- Verwechseln Sie die Deliverability nicht mit Auflistungen von „Benefits" oder „Reasons to Believe". Konzentrieren Sie sich darauf, was im Kern nötig ist, die Marke attraktiv und differenzierend zu machen.
- Bei einem Marken-Relaunch ist genau zu prüfen, welche Inhalte aus dem bestehenden Positionierungsmodell übernommen werden können und welche nicht.
- Sorgen Sie dafür, dass alle Mitarbeiter die Inhalte optimal verstehen können. Ist die Marke sehr international bzw. global, kann es sich lohnen, die Inhalte in die Muttersprachen der relevantesten Märkte zu übersetzen.

- Bilder sagen mehr als Worte: Aus unserer Erfahrung hilft die Erstellung eines professionellen Mood-Films oder zumindest von Mood-Boards (rein für den internen Gebrauch) sehr, um die Markenpositionierung auch emotional für alle relevanten internen Stakeholder erlebbar zu machen.

5.2.3 Wie Sie Ihre Markenstrategie operationalisieren

In der praktischen Markenführung mangelt es in der Regel nicht an Strategien. Oft bleiben diese allerdings auf einem sehr abstrakten Niveau, da es keine oder nur wenige Anknüpfungspunkte für die operative Arbeit gibt. So besteht das Risiko, dass aufwändig entwickelte Markenstrategien und -positionierungen am Ende in die Schreibtischschublade wandern und sich nicht am Markt entfalten können. Auch der BMC ist ein solches strategisches Instrument. Er kann zwar die Komplexität auf Ebene der Markenstrategie senken und gibt sowohl Kunden als auch Marken-Entscheidern Orientierung. Gerade wegen seiner Kompaktheit und Kürze bleibt er jedoch – wie jedes Strategieinstrument – auf einer relativ abstrakten Ebene.

Auf dynamischen Märkten, die häufig schnelle Entscheidungen fordern, braucht das **Marketing Werkzeuge, die die Entscheidungsfindung unterstützen**. In Zeiten digitaler Transparenz und informationshungriger Kunden müssen die Haltung und das Versprechen einer Marke an allen Interaktionen zwischen Marke und Kunde eingelöst werden. Oft hapert es allerdings bei etablierten Methoden der Markenführung in der Praxis genau daran: So sprechen 42 % der in der Creative Advantage Studie befragten Unternehmens-Entscheider den eingesetzten Markenmodellen die Funktion ab, Leitlinien im Umgang mit grundlegenden Veränderungen der Marktsituation vorzugeben (Creative Advantage 2014, S. 20). Angesichts der Vielschichtigkeit und Geschwindigkeit der in Kap. 3 dargestellten Herausforderungen für die Markenführung lassen sich aber auch nicht für jede mögliche Situation Regeln und Pläne aufstellen, damit ein Unternehmen im Sinne der Markenstrategie handeln kann.

Das Instrument: Non-Negotiables
Zur Überbrückung der Lücke zwischen Strategie und operationalem Unternehmensalltag setzen wir in der agilen Markenführung auf das Konzept der „Non-Negotiables", das von Zook und Allen (2012, S. 82 ff.) entwickelt und eingeführt wurde. Wir übertragen das Konzept, das im Kontext der Unternehmensstrategie entstanden ist, quasi eins zu eins auf die Markenführung, weil es zur Lösung des Problems mangelnder Handlungsorientierung ideal geeignet ist. In enger Anlehnung an Zook und Allen definieren wir „Non-Negotiables" im Rahmen der agilen Markenführung wie folgt:

5.2 Erfolgsfaktoren der agilen Markenführung

▶ **Non-Negotiables** sind die Übersetzung der Markenpositionierung in wenige, unternehmens- und hierarchieübergreifend gültige Prinzipien, die in Auswahlsituationen als Entscheidungsgrundlage dienen.

Non-Negotiables geben also Unternehmens-Entscheidern, gleich welcher Abteilung oder Hierarchieebene, **konkrete Prinzipien** an die Hand, um zu jedem Zeitpunkt mit dem kompletten Marketing-Mix im Sinne der Markenstrategie zu handeln. Diese sind somit ein wesentlicher Faktor für die erfolgreiche Implementierung der in der Markenpositionierung festgelegten strategischen Ausrichtung über alle Touchpoints hinweg und lassen die Marke für den Kunden erlebbar werden. Sie sind so etwas wie **Leitplanken für die Markenführung** und bilden die Schnittstelle zwischen dem Top-Management (verantwortlich für die Strategie) sowie dem Mittelmanagement und den Mitarbeitern mit unmittelbarem Kundenkontakt (verantwortlich für die Umsetzung).

Mithilfe der Non-Negotiables kann auch ein weiteres Problem überwunden werden, welches im Rahmen unserer Studie zum Status quo der Markenpositionierung zutage getreten ist. Die inhaltliche Entwicklung einer Markenpositionierung ist bei der Mehrheit der befragten Unternehmen eine Aufgabe, die die Marketingabteilung in Zusammenarbeit mit der Geschäftsführung übernimmt (s. Abb. 5.6).

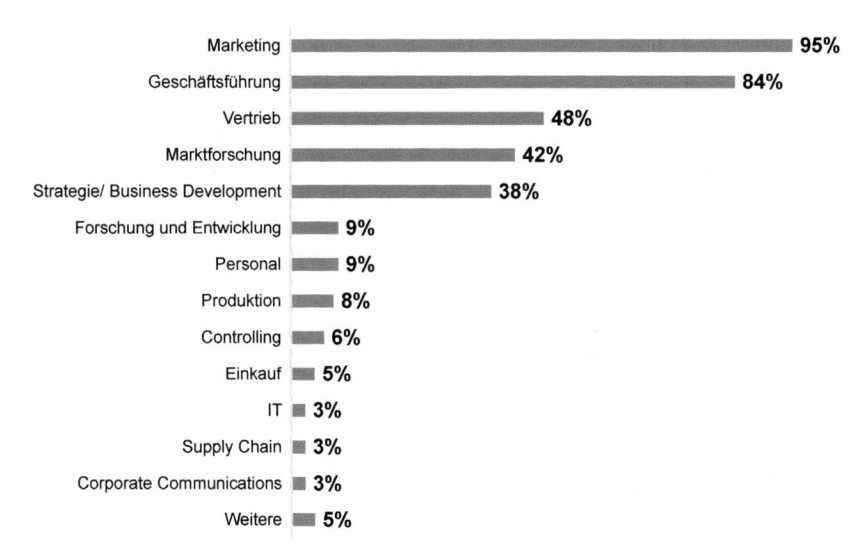

Unternehmensbereich	Anteil
Marketing	95%
Geschäftsführung	84%
Vertrieb	48%
Marktforschung	42%
Strategie/ Business Development	38%
Forschung und Entwicklung	9%
Personal	9%
Produktion	8%
Controlling	6%
Einkauf	5%
IT	3%
Supply Chain	3%
Corporate Communications	3%
Weitere	5%

Abb. 5.6 Am Positionierungsprozess beteiligte Unternehmensbereiche. (Quelle: Creative Advantage Studie „Markenpositionierung – Bedeutung für den Erfolg einer Marke in dynamischen Märkten")

Hingegen ist z. B. der Vertrieb nur bei knapp der Hälfte der Unternehmen in diesen Prozess involviert. Jedes zweite Unternehmen verzichtet also bei der Entwicklung der Markenpositionierung auf den Beitrag der engsten Schnittstelle zum Kunden. Weitere Fachbereiche wie „Forschung und Entwicklung", „Personal" oder „Produktion" partizipieren nur in Ausnahmefällen (Creative Advantage 2014, S. 12). Generell empfehlen wir die Beteiligung möglichst vieler Abteilungen bzw. Funktionen am Prozess zur Entwicklung der Markenpositionierung und auch der Non-Negotiables (s. Abschn. 5.2.1.3). Sollte allerdings die Entwicklung von Non-Negotiables auf Basis einer bestehenden Positionierung erfolgen, können mithilfe dieses Instrumentes eventuelle Versäumnisse ausgeglichen werden.

Entwicklung und Anwendung von Non-Negotiables
Wie Non-Negotiables in der Praxis aussehen können, verdeutlichen wir an den verschiedenen Beispielen in diesem Abschnitt. Was zur Entwicklung eigener, guter Non-Negotiables für die Markenführung wichtig ist, stellen wir im Folgenden anhand von **sieben Faktoren** dar, die von Zook und Allen (2012, S. 91 ff.) definiert worden sind.

1. Stützung des stärksten Wettbewerbsvorteils
Dies ist die grundsätzlichste Anforderung an ein Non-Negotiable zur Markenführung. Es muss in direktem Zusammenhang mit der Markenpositionierung stehen und dafür sorgen, dass das Markenversprechen eingehalten werden kann.

> **Fallbeispiel: Non-Negotiables – Motel One**
> Das Budget-Segment ist der am schnellsten wachsende Teil des deutschen Hotelleriemarktes. Die Kategorie hat Schätzungen zufolge bereits einen Marktanteil von 25 % und nimmt insbesondere Mittelklassehotels Gäste ab. Marktführer in diesem Segment ist Motel One, das zu den Vorreitern im Budget-Segment gehört. Das Unternehmen hat sich binnen kurzer Zeit zu einem wichtigen Marktakteur entwickelt und lag 2014 mit 218 Mio. € auf dem zwölften Platz der umsatzstärksten Hotelketten in Deutschland (Die Welt 2015).
>
> Erreicht hat Motel One diese Position durch eine konsequent umgesetzte Markenstrategie. Das Unternehmen selbst bezeichnet sein Angebot als Budget Design Hotel. Der Design-Aspekt spiegelt sich hauptsächlich in der modernen Einrichtung der Häuser und Zimmer wider. Als den entscheidenden Grundsatz für die Angebotsgestaltung hat Gründer Dieter Müller ein einfaches, aber sehr wirkungsvolles Prinzip aufgestellt: „Konzentriere dich aufs Wesentliche – aber genüge damit den höchsten Ansprüchen." Für die Hauptzielgruppen Geschäfts-

und Städtereisende ist dazu zunächst ein zentraler Standort wichtig. Motel One ist so gut wie ausschließlich in attraktiven Lagen von Großstädten und Metropolen vertreten. Das oberste Non-Negotiable der Marke entfaltet seine volle Kraft allerdings bei der Ausstattung des Hotels. Es bietet kein vollwertiges Restaurant. Das ist kein Problem, aufgrund der zentralen Lage gibt es eine Vielzahl an Gastronomie-Alternativen in unmittelbarer Nähe. Das – qualitativ hochwertige – Frühstück wird in den meisten Hotels in der großzügigen Lobby eingenommen. Die Zimmer sind gerade ausreichend geräumig, es gibt keinen Safe, keine Minibar und keinen Zimmerservice. Dafür ist das Wesentliche durchgehend hochwertig: Bett und Bettwäsche, der Flachbildfernseher von Loewe, hochwertige Marken-Armaturen im Bad. Auch die organisatorische Abwicklung ist denkbar einfach. Da keine Zusatzkosten entstehen können, zahlt der Gast sofort bei Anreise – und hat so weniger Stress, falls der Rückreisetermin zur Eile drängt. Diese Mischung aus Verzicht und Hochwertigkeit erlaubt Motel One ein sehr gutes Preis-Leitungs-Verhältnis, das bei den Kunden auf große Nachfrage stößt – ermöglicht zu einem großen Teil durch ein einziges Non-Negotiable: „Konzentriere dich aufs Wesentliche – aber genüge damit den höchsten Ansprüchen."

2. Verbindung zur Kundeninteraktion
Non-Negotiables müssen unmittelbare Auswirkungen auf diejenigen Mitarbeiter haben, die am engsten am Markt agieren und die für die tatsächliche Produktleistung verantwortlich sind – sei es der Verkäufer im Ladengeschäft oder der Produktionsarbeiter in der Fabrik. Somit muss auch der Kunde die Auswirkungen der Non-Negotiables erleben. Auf diese Weise wird die Distanz zwischen der Geschäftsführung und dem Markt verkürzt und den Mitarbeitern auf diesen marktnahen Positionen wird die Gelegenheit gegeben, sich stärker selbst zu organisieren.

3. Einfluss auf das Unternehmensergebnis
Je mehr Einfluss ein Non-Negotiable auf das letztendliche wirtschaftliche Unternehmensergebnis hat, desto wertvoller ist es. In diesem Fall hilft es nämlich dabei, besonders schwere Entscheidungen zu treffen. Oftmals bedeuten solche Entscheidungen, etwas *nicht* zu tun bzw. schließen ein bestimmtes Verhalten aus. Auch Steve Jobs sieht das in einem seiner bekanntesten Zitate so: „I'm actually as proud of the things we haven't done as the things I have done." Ein Non-Negotiable von Apple lautet entsprechend: „We believe in saying no to thousands of projects so that we can really focus on the few that are truly important and meaningful to us." (Zook und Allen 2012, S. 97).

Fallbeispiel: Non-Negotiables – A-ROSA Flusskreuzfahrten

Dieses Beispiel zeigt die oben dargestellte Wirksamkeit von Non-Negotiables, die Entscheidern helfen, Nein zu sagen. In Produktleistung und Kommunikation ist A-ROSA ganz klar als Premium-Anbieter positioniert. Im Tourismus existieren allerdings sehr viele Vertriebskanäle, die rein auf Volumen ausgerichtet sind. Über diese Kanäle ließ man sich mit großzügigen Rabatten auf die Teilnahme an einem Preiswettbewerb ein. Diese nicht markenstrategie-konforme Maßnahme resultierte in der Folge in einer deutlich gesunkenen Zahlungsbereitschaft der Kundschaft. Ein effektives Non-Negotiable zur Lösung dieses Problems war die Einführung von konkreten und verbindlichen Preisuntergrenzen für alle Pauschalreisetarife. Diese schließen gleichzeitig die Nutzung von zu sehr preisorientierten Absatzkanälen aus und unterstreichen zusätzlich die Markenpositionierung. Nicht zuletzt konnte auf diese Weise auch wieder konsequenter der Margenbereich erzielt werden, der zur Leistung eines Premium-Produktes nötig ist. Wichtig ist bei der Einführung solcher Preisuntergrenzen, diese regelmäßig den Marktgegebenheiten anzupassen.

4. Gegenseitige Verstärkung

Non-Negotiables dürfen keine Liste von unabhängigen Einzelpositionen sein, die jeweils bestimmte Bereiche des Geschäfts betreffen. In einem einheitlichen und konsistenten Stil formuliert, sollten sie sich untereinander verstärken.

Fallbeispiel: Non-Negotiables – Oettinger

Schon an einigen Stellen haben wir bereits über den Erfolg von VFM-Marken geschrieben. Eine der erfolgreichsten Marken dieser Kategorie ist Oettinger, nach Ausstoß die beliebteste Biermarke Deutschlands. Wie für VFM-Marken obligatorisch, ist der niedrige Preis bei Oettinger das zentrale Kaufargument. Das Unternehmen verfolgt seine Niedrigpreis-Strategie sehr konsequent und profiliert sich dabei quasi als unprätentiöse Anti-Marke ohne „Schnickschnack". So schafft die Marke noch einen Zusatznutzen auf Image-Ebene, was die Differenzierung zu preislich ähnlichen Handelsmarken fördert. Die dazu eingesetzten Handlungsprinzipien kommuniziert das Unternehmen aktiv nach außen, wie u. a. (Oettinger 2015; Süddeutsche Zeitung 2014):
- Verzicht auf teure Werbung
- Übernahme der Logistik mit eigenem Fuhrpark
- Produktion auf modernen und effizienten Produktionsanlagen
- Verwendung ausschließlich qualitätsgeprüfter Rohstoffe
- Keine Aktivität im Gastronomiebereich

5.2 Erfolgsfaktoren der agilen Markenführung

Die Grundsätze der Markenstrategie ziehen sich auf Basis dieser Non-Negotiables konsequent durch den Marketingmix. Dem Kunden kann so glaubhaft kommuniziert werden, dass er trotz des niedrigen Preises ein wertiges Qualitätsprodukt kauft.

5. Freisetzung von positiver Energie
Aus den Non-Negotiables geht im Idealfall klar hervor, was das Besondere an einer Marke ist und wie diese besondere Leistung erreicht werden soll. Sie verkürzen die Distanz von der Geschäftsführung bis zu den Mitarbeitern auf den untersten Hierarchiestufen und können so eine Quelle gemeinsamer Motivation und Stolz auf die Marke sein.

Fallbeispiel: Non-Negotiables – True Fruits

True Fruits ist einer der Marktführer für Smoothies – Säfte aus püriertem Obst und mittlerweile auch Gemüse – in Deutschland. Der Leitgedanke der 2006 als Start-up gegründeten Marke ist „No Tricks". Dieses Motto kann man quasi als oberstes Non-Negotiable auslegen, das sich durch die komplette Angebotsgestaltung zieht. Am deutlichsten wird das bei den Produkten selbst. Natürlichkeit und Transparenz stehen dabei im Fokus. Auf jedem Fläschchen ist genau zu erkennen, welche und wie viele Früchte zur Herstellung verwendet wurden. Auf Konzentrate, Farbstoffe oder Zuckerzusätze wird verzichtet. Die Markenphilosophie endet aber nicht damit, sondern spiegelt sich z. B. auch in der Verpackungsgestaltung wider (s. Abb. 5.7). Die transparent und sparsam bedruckten Flaschen richten den Blick auf das Wesentliche, das Produkt. Alle Elemente des Marketing-Mix zahlen somit auf die Markenpositionierung ein. Es wird sehr klar, wofür die Marke steht und welche die Vision hinter dem Unternehmen ist, was die Identifikation von Kunden und Mitarbeitern mit der Marke fördert.

Abb. 5.7 Sortiment True Fruits Smoothies. (Foto: true fruits GmbH)

6. Verbindung zu Motivationsanreizen
Das Verhalten und die Entscheidungen der Mitarbeiter auf Basis der Non-Negotiables sollten anhand von eindeutigen Kennzahlen messbar gemacht werden können. Auf diese Weise entsteht eine Vergleichbarkeit und Bewertungsmöglichkeit, die sich mit Motivationsanreizen für die Mitarbeiter koppeln lässt, wie z. B. Beförderungen.

7. Anwendbarkeit auf neue Märkte
Im Optimalfall sind die Non-Negotiables einer Marke auch auf neue Märkte anwendbar, unabhängig davon, ob es dabei um neue Produkte bzw. Leistungen oder die Erschließung neuer geografischer Absatzmärkte geht.

Fallbeispiel: Non-Negotiables – Olam

Eines der Unternehmensbeispiele, die von Zook und Allen ausführlicher dargestellt werden, ist Olam (2012, S. 83 ff.). Die Firma hat sich seit der Gründung 1989 zu einem der Weltmarktführer in Produktion und Handel landwirtschaftlicher Rohstoffe wie Kakao, Kaffee, Nüsse, Reis und Baumwolle entwickelt. Durch perfektioniertes Supply-Chain-Management kann das Unternehmen ein sehr gutes Preis-Leistungs-Verhältnis bieten und ist so zu einem der bevorzugten Lieferanten Tausender verarbeitender Unternehmen, z. B. im Konsumgüterbereich, geworden.

Um ein solches Angebot offerieren zu können, setzt Olam auf einige interessante Non-Negotiables, die insbesondere den Bereich der Rohstoffproduktion und die Supply-Chain betreffen. Im Gegensatz zu Konkurrenten muss sich z. B. jede Lieferkette bis zur einzelnen Farm erstrecken. Da sich diese meist in ländlichen Gebieten von Entwicklungsländern befinden, kennt Olam die Entwicklungen und möglichen Risiken vor Ort besser und kann schneller auf diese reagieren. Dazu werden Manager verpflichtet, in den jeweiligen Ländern zu leben und zu arbeiten, um diese persönlichen Beziehungen aufbauen zu können. Ein weiteres Non-Negotiable in diesem Zusammenhang besteht darin, dass den Beziehungen zu lokalen Farmern die höchste Priorität eingeräumt wird. Durch diese weitreichenden Lieferketten kann Olam lokale Zwischenhändler überspringen und so Effizienzgewinne erzielen, die das Unternehmen dann an seine Kunden in Form attraktiver Preise weitergeben kann.

Allgemein gilt bei der Formulierung von Non-Negotiables: Halten Sie sie klar, sachlich und unmissverständlich. In puncto Anzahl kann man keine exakten Vorgaben machen. Dafür sind Marken und Branchen zu individuell. Als Richtlinie kann

5.2 Erfolgsfaktoren der agilen Markenführung

folgender Hintergrund dienen: Zook und Allen stellen Toyota als ein klassisches Beispiel für die erfolgreiche Anwendung von Non-Negotiables vor (2012, S. 85 f.). Einer der nach Umsatz und Mitarbeiterzahl größten Konzerne der Welt kommt demnach mit 14 Prinzipien aus. Dies kann man als eine inoffizielle Obergrenze annehmen. Je weniger Prinzipien zur Operationalisierung der Markenstrategie nötig sind, umso besser. Wir arbeiten meist mit acht bis zehn Non-Negotiables. Es sind deutlich zu viele, wenn Sie bei 20 Stück landen. Dies ist ein Zeichen, dass die zugrunde liegende Markenstrategie nicht eindeutig und somit nicht differenzierend genug ist. In diesem Fall kann der Einsatz des BMC zur Definition der Markenpositionierung hilfreich sein.

▶ Formulieren Sie Non-Negotiables klar und eindeutig. Je weniger Prinzipien zur Übersetzung der Markenstrategie nötig sind, desto leichter wird die Umsetzung im Marketing-Mix fallen.

Aus der **Operationalisierung der Markenstrategie** mittels der Non-Negotiables ergeben sich noch drei weitere Vorteile. Erstens kann man so die Marke und das Marketing selbst von dem oft zu beobachtenden Fokus auf die Kommunikation (s. Abb. 4.1) ‚befreien'. Die Markenstrategie erlangt über die aus ihr abgeleiteten Handlungsprinzipien im gesamten Unternehmen Relevanz. So wird gleichzeitig die Bedeutung des Marketings und der Marktorientierung für den Unternehmenserfolg gestärkt. Zweitens können die Identifikation der Mitarbeiter mit dem Unternehmen und ihre Motivation gesteigert werden. Die Non-Negotiables geben dem einzelnen Entscheider mehr Entscheidungsfreiraum und zeigen gleichzeitig konkret auf, wofür die Marke stehen will. Der dritte Vorteil besteht in der Erhöhung der Entscheidungsgeschwindigkeit. Non-Negotiables geben Marken-Managern Orientierung und Führung, um auf die Veränderungen und Neuerungen am Markt reagieren zu können. Dies kann sich zu einem Wettbewerbsvorteil gegenüber der Konkurrenz ausweiten, indem man Chancen schneller bewerten und ggf. als Vorreiter nutzen kann.

▶ **Non-Negotiables haben drei wesentliche Effekte**
1. Stärkung der Bedeutung des Marketings für den Unternehmenserfolg
2. Erhöhung der Mitarbeitermotivation durch einen vergrößerten Entscheidungsfreiraum
3. Beschleunigung der Entscheidungsfindung als Wettbewerbsvorteil

5.2.4 Wie Sie Ihre Marke anpassungsfähig machen

Das Thema „Anpassungsfähigkeit in der Markenführung" ist eine zweischneidige Angelegenheit. Einerseits ist es ziemlich offensichtlich, dass sie angesichts der Herausforderungen für die Markenführung eine wichtige Fähigkeit für Unternehmen ist (s. Abschn. 4.1.3). Andererseits ist sie von den drei identifizierten Handlungsfeldern zur Weiterentwicklung der Markenführung diejenige, die dem Status quo am meisten entgegensteht. Einer der frühesten Literaturbeiträge (den wir recherchieren konnten), der das Spannungsfeld zwischen Agilität und Kontinuität konkret benennt und untersucht hat, ist von Belz (2006, S. 87 ff.). Er fasst seine Sichtweise zur Lösung dieses Spannungsfeldes wie folgt zusammen:

> Markenführung konzentriert sich oft auf rigorose Vorgaben. Gleichzeitig sind aber leider die Spielräume für die Verantwortlichen bedeutend. Erst wenn Markenvorgaben auch die Kreativität und das Engagement der Verantwortlichen (innerhalb der Spielregeln) fördern, ist Markenführung erfolgreich.

Genau zur Erreichung dieser Balance sollen die beiden ersten Instrumente der agilen Markenführung – der Brand-Market Connector und die Non-Negotiables – beitragen. Wie am Anfang dieses Kapitels (s. Abschn. 5.1) erläutert, ist Agilität in der Markenführung nicht mit Aktionismus zu verwechseln, sondern darunter ist eine angemessene und zielgerichtete Reaktion auf sich verändernde Umstände zu verstehen. Der Balanceakt zwischen Kontinuität und Veränderung kann schwierig sein und ein Fehltritt sogar sehr starke Marken in Gefahr bringen. Anschaulich zeigt sich eine solche Entwicklung bei der Dehnung der Marke Nivea in die dekorative Kosmetik (s. Fallbeispiel „Nivea – zurück zu den Wurzeln").

> **Fallbeispiel: Nivea – zurück zu den Wurzeln**
>
> Nivea ist eine der bekanntesten Marken Deutschlands und hat sich auch international starke Positionen erarbeiten können. Einer der Erfolgsfaktoren hinter dem Wachstum der Marke war die konsequente Positionierung auf das Markenversprechen „Pflege". In der angestammten Produktkategorie „Hautpflege" konnte Nivea mit dem Besetzen dieser naheliegenden, aber sehr kundenrelevanten Positionierung die Marktführerschaft erobern und halten.
>
> Im Laufe der Zeit wurde im Glauben an die Stärke der Marke „Nivea" das Produktsortiment immer weiter ausgedehnt, insbesondere in den Bereich der dekorativen Kosmetik: Von Eyeliner über Haargel bis hin zu Lippenstift, Lidschatten und Nagellack ging das Angebot stark in die Breite. Niveas

Mutterkonzern Beiersdorf war in diesen Kategorien mit ähnlich ambitionierten Zielen wie im Bereich „Hautpflege" angetreten, musste aber nach einigen Jahren erkennen, dass diese nicht erreicht wurden. Unter der zu starken Markendehnung litten sowohl der Markenwert als auch das finanzielle Ergebnis (Manager Magazin 2013).

Eine wesentliche Ursache des Misserfolgs in den neuen Produktkategorien war der Markenkern „Pflege". Denn bei dekorativer Kosmetik ist nicht Pflege gefragt, sondern das übergeordnete Kundenbedürfnis in diesem Markt ist schlicht „Schönheit". Etablierte Marktführer des Segmentes wie L'Oreal Paris, Maybelline oder Astor sind in dieser Dimension stark positioniert. Nivea war dagegen mit seinem in der Hautpflege erfolgreichen Markenkern im neuen Segment nicht attraktiv genug. Investitionen, die Markenwahrnehmung in Richtung Kompetenz für „Schönheit" zu bewegen, wären angesichts der starken Konkurrenz wahrscheinlich nicht zu vertreten gewesen. Außerdem hätte dies zu einer weiteren Verwässerung des Markenkerns beigetragen.

Diese Erkenntnisse in der Marktdimension „Wettbewerb" in Verbindung mit der unbefriedigenden Gesamtgeschäftsentwicklung führte dazu, dass 2012 eine neue Unternehmens- und Markenstrategie eingeführt wurde. Diese sah u. a. den Ausstieg aus der dekorativen Kosmetik vor (rund ein Fünftel der Produkte wurde eingestellt) und gab für das Unternehmen die eindeutige Zielsetzung aus, die weltweite Nummer eins im Bereich der Hautpflege zu sein. Als Kern der Marke „Nivea" wurden neben „Pflege" die Werte „Vertrauen" und „Verlässlichkeit" festgelegt bzw. wieder in den Fokus der Aktivitäten gerückt. Prominentestes Opfer der Refokussierung war Popstar Rihanna, die erst ein Jahr zuvor engagiert worden war, nun aber in den Augen des Unternehmens nicht mehr zur Marke passte. Die Ausrichtung zurück zu den Wurzeln der Marke zeigte fast unmittelbare Wirkung, in den Monaten danach wurden die Umsatzziele mehrfach nach oben korrigiert und auch der Gewinn stieg wieder an (Reuters 2013; Manager Magazin 2013).

„Anpassungsfähigkeit" kann als Wort durchaus auch negative Assoziationen wecken. Dies liegt daran, dass man dessen Bedeutung leicht mit anpassungs*willig* verwechseln kann. Es geht uns keinesfalls darum, dass sich Marken bereitwillig der Masse bzw. dem Wettbewerb anpassen sollen. Dies wäre auch überhaupt nicht mit dem Konzept des BMC vereinbar. Anpassungsfähigkeit ist vielmehr im Sinne des „Survival of the Fittest" aus der Evolutionstheorie zu verstehen.

Anpassungsfähigkeit ist grundsätzlich schon immer für eine langfristig erfolgreiche Markenführung nötig gewesen. Im Fall von Nivea wurde nach einer Bewertung der Wettbewerbssituation und des wirtschaftlichen Ergebnisses noch rechtzeitig die ‚Notbremse' bei der dekorativen Kosmetik gezogen und als Korrekturmaßnahme die Refokussierung der Marke erfolgreich eingeleitet. Vorausschauende Anpassungsfähigkeit ist die positive Kehrseite der Medaille. Bei der korrekten Identifizierung langfristiger Trends und Kundenbedürfnisse können sich für Marken natürlich auch sehr lukrative Umsatz- und Ertragspotenziale bei der Ausweitung des Angebots ergeben. Ein aktuelles Beispiel dafür ist der erfolgreiche Aufbau vegetarischer Wurstprodukte unter der Marke „Rügenwalder Mühle" (s. Fallbeispiel „Rügenwalder Mühle – Vegetarisches aus der Wurstfabrik").

Fallbeispiel: Rügenwalder Mühle – Vegetarisches aus der Wurstfabrik

Ausgerechnet ein Unternehmen, das als Logo eine Windmühle mit Wurstflügeln trägt, bringt vegetarische Produkte auf den Markt. Kann ein traditioneller Wurstwarenhersteller glaubwürdig den Vegetarier als Zielgruppe für sich gewinnen? Ist das eine zukunftssichernde Anpassung der Marke oder Verrat an ihrem Kern?

In Zeiten, da Ernährung zu einer eigenen Religion geworden ist, sind Lebensmittelmarken mit ganz neuen Herausforderungen konfrontiert. Mit „Food ist das neue Fashion" beschreibt die Huffington Post das Ausmaß des neuen Trends. In der Maslowschen Bedürfnispyramide hat „Essen und Trinken" längst die „niederen" Bedürfnisse verlassen und deckt stattdessen sämtliche Bedürfnis-Aspekte des modernen Menschen bis zum Motiv der Selbstverwirklichung ab (Huffington Post 2014).

Mehr denn je gilt: „Du bist, was du isst". Das bekam auch Rügenwalder Mühle, einer der größten deutschen Wurstwarenhersteller, zu spüren. Die veränderte Wahrnehmung und Relevanz von Ernährung in der Gesellschaft veranschaulicht in diesem Fall eindringlich die Herausforderungen für die Markenführung. Insbesondere das Thema „Demokratisierung von Marken" betrifft den Lebensmittelbereich besonders stark. Die Skepsis der Verbraucher gegenüber den Versprechungen von Lebensmittelmarken wächst. Fleischwarenhersteller stehen im Zentrum stetiger Kritik an den Themen „Herstellung", „Herkunft" und „Arbeitsprozesse". Ihre Markenversprechen werden von Verbrauchern und Verbraucherschutzorganisationen kontinuierlich öffentlich diskutiert. Um morgen nicht im Abfall zu landen, wird ein konsequenter, ehrlicher Austausch mit der Zielgruppe auf Augenhöhe immer wichtiger. Die erhöhte Lebensmittelsensibilität verändert die Dimensionen des bekannten Wettbewerbs und ebnet neuen, vor allem kleineren Wettbewerbern, den Markt. Diese überzeugen statt mit einem großen Media-Budget mit Authentizität, Nahbarkeit und Vertrauen. Jenseits der Massenproduktion appellieren sie mit echten Geschichten und echten Menschen an das gute Gewissen der Konsumenten.

5.2 Erfolgsfaktoren der agilen Markenführung

Die Marke Rügenwalder demonstrierte in den letzten Jahren ihre Fähigkeit, sich an diese neuen Dynamiken des Wettbewerbs und die stetig anspruchsvolleren Kunden anzupassen. Als Verbraucher zunehmend begannen, sich für die Inhaltsstoffe der Lebensmittel zu interessieren, gehörte Rügenwalder zu den ersten Unternehmen, die ihren Produktionsprozess vom Institut Fresenius kontrollieren ließen. Die Marke zeigte auf diese Weise, dass sie ihre Konsumenten ernst nimmt und schaffte es gleichzeitig, weiterhin relevant für sie zu bleiben. Auch als das Thema „Tierschutz" zunehmend wichtig für Verbraucher wurde, reagierte Rügenwalder flexibel. Das Unternehmen wurde zum Initiator des Arbeitskreises zur Förderung des wissenschaftlich begründeten Tierschutzes. Die Marke beweist somit Anpassungsfähigkeit und bewegt sich schnell und flexibel innerhalb ihres selbst gewählten Anspruchs „Wir wollen, dass Sie unsere Produkte mit gutem Gewissen essen können."

Nur durch das konsequente Infragestellen des eigenen Markenversprechens vis-à-vis den Verbraucherbedürfnissen und dem Wettbewerberverhalten kann Rügenwalder letztendlich zeitgemäß die eigene Leistungsfähigkeit definieren und dem ‚guten Gewissen' gerecht werden. Gleichermaßen zeigt das Unternehmen Standhaftigkeit in seinen Werten und erfüllt somit gegenüber den Verbrauchern die wichtige Orientierungsfunktion einer Marke.

Den für einen Wurstwarenhersteller radikalsten Schritt wagte die Marke 2014 in Form der Einführung vegetarischer Produkte. Im Unternehmens-Video wird der Schritt so vorgestellt: https://www.youtube.com/watch?v=GEUDZwb6gcY (Rügenwalder 2015). Der Vegetarierbund Deutschland verzeichnete 2015 7,8 Mio. Menschen, die vegetarisch leben. Das sind 10 % der Bevölkerung. Vor 30 Jahren waren es gerade mal 0,6 %. 42 Mio. Deutsche bezeichnen sich selbst als sogenannte Flexitarier, die an drei oder mehr Tagen in der Woche auf Fleisch verzichten (Die Zeit 2015). Eine gesellschaftliche Entwicklung, die sich sehr wahrscheinlich eher verstärken als zurückentwickeln wird. Rügenwalder sah seinen angestammten Markt schwinden. Firmenchef Christian Rauffus fasste die Lage mit „Wurst ist die Zigarette der Zukunft" zusammen.

Wie soll nun ein Unternehmen, das rund 450 Tonnen Schweine- und Geflügelfleisch pro Woche verarbeitet, zukünftig in einem sich immer fleischloser ernährenden Deutschland wachsen? Auf der Suche nach neuen Geschäftsfeldern dachte das Unternehmen sowohl über den Aufkauf einer Brotfabrik als auch über eine Brauerei nach. Bis dem Unternehmen die Idee kam, im Sinne eines ‚guten Gewissens' der Wurst das Fleisch zu nehmen (Die Zeit 2015). Dabei geht es dem Unternehmen – nach eigenen Angaben – hier nicht um eine gesündere Ernährung, sondern um die Verantwortung für die Erde und die kommenden Generationen. Christian Rauffus ist der Überzeugung (Spiegel 2015):

„Die Welt ist nicht gerettet, wenn es keine Wurstfabriken mehr gibt, aber wir müssen etwas ändern. Für mich geht es nicht um das arme Tier, auch weiß ich nicht, ob vegetarisches Essen wirklich gesünder ist. Aber die Fleischproduktion verbraucht zu viele Ressourcen, das ist unstreitig."

Die Entscheidung, vegetarische Wurst einzuführen war zwar eine kaufmännische, jedoch unter der Prämisse, dem Markenanspruch des Unternehmens gerecht zu werden. So entspricht fleischfreie Wurst dem aktuellen Zeitgeist nach einem guten Gewissen beim Fleischverzehr. Am schwersten fiel es dem Unternehmen übrigens, seine Mitarbeiter zu überzeugen. Erst mit einer motivierenden Rede des Marketing- und Entwicklungschefs Godo Röben sowie den Zahlen zum schrumpfenden Wurstmarkt und dem Ressourcenverbrauch der Fleischproduktion konnte der notwendige Wandel im Unternehmen realisiert werden. Die Kunden reagierten auf das Angebot weit positiver als vom Unternehmen gedacht. Mittlerweile musste das Unternehmen 100 zusätzliche Mitarbeiter einstellen, da die Produktion für die vegetarischen Produkte stark aufgestockt werden musste. So beliebt war bisher kein anderes Neuprodukt (Die Zeit 2015).

Welche Auswirkungen die Erweiterung des Produktangebotes auf die Marke „Rügenwalder" haben wird, muss die Zukunft zeigen. Ein wirtschaftlicher Erfolg und ein gutes Beispiel für die Anpassung an neue Kundenbedürfnisse ist die Initiative auf jeden Fall.

Anpassungsfähigkeit, wie sie Nivea oder Rügenwalder demonstriert haben, bezieht sich auf vor allem auf einmalige und weitreichende Entscheidungen. Zum Umgang mit solchen Situationen ist das Marketing bereits gut gerüstet. **Die dynamischen Märkte von heute erfordern allerdings eine zusätzliche Form der Anpassungsfähigkeit, nämliche eine kontinuierliche.** Wie lassen sich nun eine solche Agilität und Anpassungsfähigkeit der Markenführung herstellen? Wie kann man feststellen, dass eine Situation vorliegt, in der Anpassungsbedarf besteht? Auf welcher Ebene besteht der Bedarf, im Marketing-Mix oder in der Markenstrategie? Hier kommt das dritte Kerninstrument der agilen Markenführung zum Einsatz: die Implementierung kontinuierlicher Feedback-Prozesse. Was wir genau darunter verstehen und wie sich diese Prozesse aufsetzen lassen, erläutern wir im Folgenden.

Das Instrument: Kontinuierliche Feedback-Prozesse
Vor den Herausforderungen dynamischer, vernetzter Märkte ist der Spagat zwischen Veränderungen und Kontinuität sehr schwierig zu meistern. Es werden in hoher Frequenz immer wieder Entscheidungen gefordert sein: Wann ist der richtige Moment für Veränderung? Soll die Marke First-Mover sein oder besser dem Wettbewerber den Vortritt lassen? Liegt eine grundlegende Veränderung in den Kundenbedürfnissen vor, oder beobachtet man nur eine vorübergehende Mode?

5.2 Erfolgsfaktoren der agilen Markenführung

Entscheidungen in solchen Situationen sind schwierig und man kann leicht falsch liegen. Das Bewusstsein für die zunehmende Veränderungsintensität von Märkten ist in vielen Unternehmen schon gegeben – genauso wie die Bereitschaft, Veränderungen vorzunehmen. Schwierigkeiten bereiten vielmehr die Fragen was, wann und wie etwas an der Markenstrategie anpasst werden muss. Vor diesem Hintergrund wirken **kontinuierliche Feedback-Prozesse als ein Frühwarnsystem**, das Markttendenzen wiedergibt und so Unternehmens-Entscheidern eine bessere und rechtzeitigere Entscheidungsgrundlage ermöglicht. Das Feedback-System steht in enger Beziehung mit unserem BMC-Modell zur Markenpositionierung. Denn dieses stellt bereits inhaltlich das Verbindungsstück zum „Netzwerk Markt" dar und sorgt dafür, dass die Marke nicht isoliert von Marktentwicklungen betrachtet wird, wie es bei vielen klassischen Positionierungsmodellen der Fall ist.

Für die praktische Konzeption der Feedback-Prozesse der agilen Markenführung spielt wiederum die Marktintelligenz eine zentrale Rolle. Während man zur Erarbeitung der Markenpositionierung und der Non-Negotiables einen speziellen einmaligen Forschungsprozess aufsetzen kann, erfordern die Feedback-Prozesse eine **kontinuierliche Erhebung relevanter Daten**. Feedback lässt sich zu vielen verschiedenen Themen und auf unterschiedlichsten Wegen einholen. Eine starke Verallgemeinerung des Vorgehens ist hier nicht möglich, da Märkte, Marken und Produkte in dieser Hinsicht einfach zu unterschiedlich sind. Mit dem im Folgenden beschriebenen Grundgerüst ist eine individuelle Annäherung aber gut möglich.

Zunächst ist die Frage zu klären, zu welchen Themen Feedback erhoben werden soll. Maßgeblich für die Aktivitäten einer Marke ist die Markenpositionierung. Entsprechend maßgeblich ist deren Inhalt auch für die Ausgestaltung der Feedback-Prozesse. Beim Einsatz des BMC sind in einem ersten Schritt für jede Dimension der Markenpositionierung – Kunden-, Wettbewerbs- und Unternehmensorientierung – eine oder, wenn nötig, mehrere Kriterien abzuleiten, anhand derer sich der Erfolg der Marke überprüfen lässt. Einige Beispiele für solche Kriterien haben wir in Tab. 5.2 zusammengestellt.

Tab. 5.2 Mögliche Kriterien als Grundlage von Feedback-Prozessen in der agilen Markenführung

Dimension Kunde	Dimension Wettbewerb	Dimension Unternehmen
Kundenzufriedenheit Weiterempfehlungsrate Zahlungsbereitschaft Markenwahrnehmung	Quantitative Distanz zum Marktführer/Hauptwettbewerber (Marktanteil, Umsatz o. Ä.) Leistung der Wettbewerber auf der Dimension Kunde (deren Kundenzufriedenheit etc.)	Mitarbeiterzufriedenheit Produktqualität Servicequalität

Die in Tab. 5.2 aufgeführten Kriterien sind eher allgemeiner Natur. Sie können aber je nach Situation auch spezifischer definiert werden, zum Beispiel: Ist ein Produkt innerhalb des eigenen Angebotes besonders wichtig für den Markenerfolg, kann man den Anteil daran am Gesamtumsatz als Messgröße nutzen. Ein Steak-Restaurant sollte z. B. daran interessiert sein, dass ein möglichst großer Teil der verkauften Hauptgerichte auch Steaks sind. Oder ist ein bestimmter Vertriebskanal im Sinne der Markenstrategie zu bevorzugen? Dann erheben Sie dessen Anteil um Umsatz zu einem der zentralen Kriterien.

In Abhängigkeit von den gewählten Kriterien muss im Anschluss festgelegt werden, wie genau diese erhoben und messbar gemacht werden können. Bei quantitativen Kriterien wie der Zahlungsbereitschaft ergibt sich das mehr oder weniger von selbst. Qualitative Kriterien wie die Markenwahrnehmung oder die Mitarbeiterzufriedenheit sind hingegen individueller und aufwendiger zu modellieren.

▶ Der erste Schritt zur Implementierung von kontinuierlichen Feedback-Prozessen besteht in der Auswahl zentraler Erfolgskriterien für die drei Dimensionen der Markenpositionierung: Kunden-, Wettbewerbs- und Unternehmensorientierung. Für diese Kriterien werden anschließend Messgrößen abgeleitet und kritische Messwerte definiert, die bei Unter- oder Überschreiten Anpassungsbedarf in der Markenführung signalisieren.

Nach der Auswahl der Kriterien und dazugehöriger Messgrößen sind für diese jeweils kritische Schwellenwerte festzulegen. In der Regel handelt es sich dabei um Untergrenzen, die Marken-Entscheidern signalisieren, dass die Ziele auf den entsprechenden Dimensionen der Markenpositionierung nicht mehr erreicht werden. Sinkt beispielsweise die Zahlungsbereitschaft unter den kritischen Wert, ist die Marke bzw. das Markenerlebnis für die Kunden offensichtlich nicht mehr attraktiv genug (nicht ausreichende Desirability). Verkörpert ein Wettbewerber in der Wahrnehmung der Zielgruppe das eigene Differenzierungsmerkmal besser, muss am Aspekt der Differentiation der Markenpositionierung gearbeitet werden. Eine solche Situation wäre bspw. gegeben, wenn eine andere Oberklassemarke im Automobilbereich sportlicher als BMW wahrgenommen würde.

Feedback-Quellen und -Methoden
Genau wie bei der Generierung von Marktintelligenz (s. Abschn. 5.2.1.2) stehen natürlich auch für die Feedback-Erhebung viele mögliche Methoden zur Auswahl. Die bereits vorgestellten Methoden gehen hinsichtlich des Analyseumfangs eher in die Tiefe, was für die Entwicklung einer Erfolg versprechenden Markenpositionierung

und zur Ableitung von Non-Negotiables auch nötig ist. Im Gegensatz dazu ist es bei der Gestaltung von Feedback-Prozessen sehr zu empfehlen, **einfache und wenig zeitaufwendige Methoden** einzusetzen. Denn die **wichtigste Quelle für Feedback zur Markenführung ist der Kunde.** Ein idealer Zeitpunkt zum Einholen von Feedback ist möglichst unmittelbar nach dem Kauf oder im Anschluss an die Nutzung bzw. den Konsum. In diesen Momenten haben Kunden aber meistens etwas anderes im Sinn als einem Unternehmen Rede und Antwort zu stehen. Um die Datenmenge und -qualität zu erhöhen, empfehlen sich also kurze und simple Feedback-Methoden. Eines der am weitesten verbreiteten Instrumente zur Messung von Kundenzufriedenheit und Weiterempfehlungsrate ist der **Net Promoter Score** (NPS). Dieser basiert nur auf einer Frage: Wie wahrscheinlich ist es, dass Sie Marke „X" einem Freund oder Kollegen weiterempfehlen würden? Gemessen wird die Frage auf einer Skala von null (völlig unwahrscheinlich) bis zehn (extrem wahrscheinlich). Kunden werden nach ihrer Antwort in „Promoter" (9 und 10), „Indifferente" (7 und 8) und „Detraktoren" (0 bis 6) eingeteilt. Anhand dieser einfachen Kategorisierung mit dem Fokus auf die zufriedensten Kunden lässt sich mit dem NPS die Kundenzufriedenheit mit wenig Aufwand messen (Reichheld 2003).

Dank der heutigen technischen Möglichkeiten eröffnen sich weitere Optionen, um schnell und einfach Kundenfeedback einzuholen. Immer häufiger werden z. B. am Point-of-Sale Terminals oder Tablets eingesetzt, auf denen Kunden kurze Umfragen mit zwei bis drei Fragen beantworten können. Meist wird dabei eine intuitive Bewertungsskala eingesetzt, wie z. B. von vielen Online-Plattformen gewohnt mit Smileys. Außerdem ermöglichen digitale Medien wie z. B. Foren oder geschlossene Communitys auf einfache Weise, mit besonders interessierten Kunden kontinuierlich über einen längeren Zeitraum im direkten Austausch zu stehen. So kann Feedback quasi ‚on demand' generiert werden, wenn eine Entscheidung in der Markenführung ansteht.

Neben den Kunden sind die **Mitarbeiter mit Kundenkontakt** die zweite wichtige und wertvolle Quelle für Feedback aus dem Markt. Sie bekommen ungefiltert die Reaktion der Kunden auf das Angebot mit. Vertriebsmitarbeiter sind außerdem eine gute Quelle für Informationen zu den Aktivitäten des Wettbewerbes. Mitarbeiter stehen für Feedback-Prozesse nicht so unter Zeitdruck, wie es bei Kunden der Fall ist. Daher können hier auch detailliertere Befragungen und Erhebungsmethoden zum Einsatz kommen. Wie wir an einigen Stellen schon erwähnt haben, wird leider die ‚Frontline' des Unternehmens bei der Markenführung gerne vergessen. Gerade die Bedeutung der Mitarbeiter auf diesen Positionen ist im Rahmen der Feedback-Prozesse besonders hoch, sodass man auf ihre Einbindung nicht verzichten sollte.

▶ Die wichtigsten Quellen für Marktfeedback sind Kunden und Mitarbeiter mit unmittelbarem Kundenkontakt. Feedback von Kunden sollte unmittelbar im Rahmen der Produktnutzung bzw. des Konsums mithilfe kurzer und einfacher Befragungen erhoben werden.

Die Implementierung von kontinuierlichen Feedback-Prozessen steht erst am Anfang ihrer Entwicklung in der Marketingpraxis. Ein Unternehmen, das ein solches System nach einer echten Krise sehr erfolgreich und in einem großen Maßstab eingeführt hat, ist Lego. Was genau die kundenorientierte Feedback-Kultur ausmacht, zeigt das folgende Fallbeispiel „Lego – maßvolle Anpassung mit Kundenorientierung statt Innovation um jeden Preis".

Fallbeispiel: Lego – maßvolle Anpassung mit Kundenorientierung statt Innovation um jeden Preis

Generationen von Kindern (und ‚jung gebliebenen' Erwachsenen) rund um den Globus spielen gerne mit den Kult-Bausteinen der dänischen Marken-Ikone. Seit das Unternehmen 1958 das patentierte Stecksystem für die Bausteine erfand, ging es für die Marke über mehrere Jahrzehnte nur noch steil aufwärts. Im Laufe dieser Zeit verzeichnete das Unternehmen eine Phase von 15 Jahren, in der sich die Erlöse alle fünf Jahre verdoppelten. 1993 lagen diese bei 1,2 Mrd. US$. Ab diesem Zeitpunkt verließ Lego allerdings der Erfolg. Der Umsatz wuchs zwar noch, ein paar Jahre später brachen jedoch die Gewinne ein. Was war passiert? Lego hatte eine Reihe von Neuprodukten herausgebracht und Initiativen gestartet, um den hohen Brand Equity weiter auszureizen: Actionfiguren mit einer eigenen TV-Sendung zur Vermarktung, Kinderkleidung, zahlreiche neue Bau-Sets. Dies führte zu zahlreichen aufwendigen Aktionen und zu einer stark gestiegenen Komplexität innerhalb des Unternehmens. So stieg zum Beispiel die Anzahl an Bauteilen stark an, weil die neuen Sets viele einzigartige Teile beinhalteten. Viel gravierender war allerdings, dass sich Lego mit den neuen Produkten von seiner Kernkompetenz entfernte. Die Gründer hatten eigentlich als wichtige Grundsätze festgelegt, dass Lego ein System ist und kein einzelnes Spielzeug. Jedes neue Set sollte kompatibel mit dem bestehenden ‚Schatz' an Bausteinen eines Kindes sein und so die Möglichkeiten des kreativen Bauens und Kombinierens vervielfältigen. Lego sollte außerdem Kindern die Gelegenheit geben, sich damit konzentriert und über einen längeren Zeitraum spielerisch zu beschäftigen. Ende der 1990er-Jahre hatten sich die Zeiten aber vermeintlich geändert. Kinder hätten nur noch wenig Zeit und

Spielzeuge müssten den Kleinen stets eine unmittelbare Belohnung bieten. Darauf antwortete Lego mit Actionfiguren – an denen kaum etwas zusammenzubauen war – und komplizierten und einzigartigen Bau-Sets, die nur wenig kompatibel mit dem klassischen Stein-Sortiment waren. Diese Innovationen kamen allerdings bei den Kunden nicht an (Wired 2013; Harvard Business School 2013).

Ein klassischer Turnaround-Versuch, der auf Effizienzsteigerungen und Personalentlassungen basierte, brachte nicht die erhoffte Wende. Diese kam erst mit einem neuen Management-Team, das sich wieder auf die Kernwerte besann, die Lego groß gemacht hatten. Ein wichtiger Faktor war die Einbeziehung von begeisterten Lego-Nutzern aller Altersstufen. Die Auseinandersetzung mit den Kunden zeigte deutlich auf, dass die Kernwerte von Lego, wie kreatives und konzentriertes Spielen, unverändert aktuell waren. Auf Basis dieser Erkenntnis wurde das Produktportfolio bereinigt und dabei auch die Anzahl an Bausteinen wieder stark zurückgefahren. Dies machte die Produktion effizienter und weniger kapitalintensiv. Lego verabschiedete sich aber nicht von Neuproduktentwicklungen. Das Unternehmen ging nur maßvoller dabei vor und achtete streng darauf, dass alle neuen Angebote mit dem Kern der Marke kompatibel waren. Neben klassischen Spielwelten wie der Stadt mit Häusern und Fahrzeugen bleibt Lego insbesondere mit Sets auf Basis populärer Lizenzen wie „Krieg der Sterne" oder „Herr der Ringe" am Puls der Zeit. Außerdem sehr erfolgreich war die neue Serie „Lego Friends" für Mädchen. Dank zielgerichtetem Feedback aus dem Markt und der Bereitschaft, daraus zu lernen und die richtigen Schlüsse zu ziehen, konnte Lego wieder seinen alten Erfolgspfad einschlagen (Wired 2013; Harvard Business School 2013).

Lego beließ es aber nicht bei der einmaligen Konsultation der Kunden im Rahmen des Turnarounds. Die Marke vernetzte sich ab diesem Zeitpunkt insbesondere mit erwachsenen – und sehr zahlungskräftigen – „Heavy Usern", genannt „Adult Fans of Lego" (AFOL). Dies geschieht über das „Lego Ambassador Network": https://lan.lego.com/ (Lego 2015). Organisiert ist das Netzwerk in lokalen „Lego User Groups", von denen weltweit aktuell über 200 bestehen. Die Kommunikation zwischen Kunden und Marke läuft hauptsächlich über ein spezielles Onlineforum. Genereller Hauptzweck der Initiative ist laut Lego der Dialog zwischen dem Unternehmen und den in den User Groups organisierten Kunden und eines der Ziele ist *„to provide valuable insight on ad-hoc business decisions and intelligence."* (Lego 2014). Durch den Aufbau dieses extrem kundenorientierten Feedback-Systems ist davon auszugehen, dass Lego nicht noch einmal einen solch schweren strategischen Fehler begeht wie Mitte der 1990er-Jahre.

Anpassung von Instrumenten der Markenführung
Sowohl aus wirtschaftlichen Erwägungen als auch im Sinne der langfristigen Kundenbindung ist eine möglichst lange andauernde, unveränderte Gültigkeit einer einmal definierten Markenpositionierung (und der Non-Negotiables) nach wie vor als der Idealzustand anzusehen. Das Feedback-System leistet aber den wichtigen Beitrag, dass ein Unternehmen so rechtzeitig und in tendenziell kleineren Schritten seine Markenführung anpassen kann, um langfristig Wachstumspotenziale über eine hohe Kundenloyalität und kontinuierliche Neukundengewinnung erzielen zu können. Hier kommen wir auf die Analogie aus Kap. 1 zurück. Zugespitzt sieht das klassische Vorgehen in der Markenführung so aus: Man setzt sich einmal intensiv mit dem Markt auseinander, wertet die Erkenntnisse im eigenen Hinterzimmer aus und schickt die entsprechend gestaltete Marke danach aus dem Elfenbeinturm hinunter auf den Markt. Dies halten wir für kein geeignetes Vorgehen auf hochgradig vernetzten Märkten. Mit einem kontinuierlichen Feedback-System ist man ‚am Puls' des Marktes und kann schrittweise evolutionäre Anpassungen an der Markenführung vornehmen. Auf diese Weise sind auch seltener umfassende, kosten- und ressourcenintensive Marken-Relaunches nötig.

▶ Kontinuierliche Feedback-Prozesse ermöglichen schrittweise evolutionäre Anpassungen der Markenführung, um Kunden langfristig an die Marke zu binden und nachhaltig Wachstumspotenziale realisieren zu können.

Ein effektives Feedback-System liefert viele kleinere Ansatzpunkte und Verbesserungsmöglichkeiten, die unmittelbar für die Optimierung des Marketing-Mix im Rahmen der bestehenden Non-Negotiables genutzt werden können. Dieses Vorgehen bildet somit die erste Stufe von Anpassungen und sie kommt in der Praxis am häufigsten vor. Veranschaulichen lässt ein solcher Feedback-Prozess am Beispiel einer Marke aus der Hochsee-Kreuzfahrt. Diese befragt die Gäste schon in den ersten Tagen der Reise zu ihrer Zufriedenheit mit dem Erlebnis an Bord. Die Umfragen laufen über das Bord-Unterhaltungssystem und können von den Gästen über den Fernseher ihrer Kabine beantwortet werden. Der frühe Zeitpunkt der Befragung erlaubt es dem Hotelmanager des Schiffes, noch während der restlichen Tage der Reise auf Wünsche der Gäste einzugehen.

Auf der Ebene der Markenstrategie benutzen wir die folgende Richtlinie: **Die erste Ebene für Anpassungen sind die Non-Negotiables.** Geht aus den Ergebnissen des Feedback-Systems hervor, dass bestimmte grundlegendere Aspekte des Markenerlebnisses angepasst werden müssen, sollten die entsprechenden

5.2 Erfolgsfaktoren der agilen Markenführung

Non-Negotiables kritisch hinterfragt werden: Reicht eine Neuformulierung, kann eines der Prinzipien gestrichen werden oder muss ein neues in den Kanon aufgenommen werden? Entscheidungen auf dieser Ebene sollten immer die erste Option sein. Behalten Sie bei den Anpassungen der Non-Negotiables aber stets die Markenpositionierung im Auge! Die direkte Verbindung muss bei allen neuen Prinzipien gewahrt bleiben. Mit diesem Vorgehen bei der Anpassung der Markenstrategie wird die Positionierung vor unnötigen Veränderungen geschützt, die Kunden und Mitarbeiter verwirren und so der Marke schaden könnten. Die Non-Negotiables bieten also die flexible Ebene der Markenführung, die in klassischen Positionierungsmodellen nicht existent war.

▶ Die erste Option bei Anpassungsbedarf in der Markenführung ist die Ebene des Marketing-Mix. Grundlegendere Anpassungen am Markenerlebnis können über die Neugestaltung der Non-Negotiables erreicht werden. Dabei muss immer sorgfältig abgewogen werden zwischen dem Optimierungspotenzial durch die Anpassung und dem Identitätsverlust durch die Schwächung loyalitätsbildender Kernattribute der Marke.

Die Anpassung der Markenpositionierung selbst sollte das letzte Mittel bleiben. Einerseits, wenn sich die Marke in einer wirtschaftlich existenzbedrohenden Situation befindet oder andererseits, wenn es zu extrem tiefgreifenden (disruptiven) Marktveränderungen kommt. Eine solche (hypothetische) Situation für den letzteren Fall kann am Beispiel der Automobilindustrie und der Markenpositionierung von BMW (s. Abschn. 5.2.2) veranschaulicht werden: Als Desirability der Marke nehmen wir weiterhin „Freude am Fahren" an. Eine der aktuell bedeutendsten technischen Entwicklungen im Automobilbereich ist das selbstfahrende Auto. Google machte als branchenfremder Wettbewerber mit seinem seit mehreren Jahren erprobten Testfahrzeug von sich reden. Auch die große Mehrheit der etablierten Autohersteller arbeitet an den notwendigen Technologien. Gesetzt die Annahme, dass das selbstfahrende Auto in Zukunft Standard wird: Welche Bedeutung und Relevanz hätte „Freude am Fahren" als Markenversprechen dann noch, wenn man gar nicht mehr selbst fährt? Natürlich kann Mobilität in einem selbstfahrenden Auto noch Freude bereiten. Man kann sich die gewonnene Zeit mit angenehmen Dingen vertreiben, im Internet surfen, Filme schauen o. Ä. Nur „Sportlichkeit" wäre als Deliverability für „Freude am Fahren" wohl nicht mehr erste Wahl. Was auch immer die Mobilität der Zukunft bringt, sie wird die Markenstrategen von BMW sehr wahrscheinlich zum Nachdenken über die eigene Positionierung bringen...

Zum Abschluss des Kapitels wollen wir am Beispiel des US-Videodienstes Netflix zeigen, wie sich eine Marke kontinuierlich an die sich immer schneller verändernde Technologie in ihrem Markt und die sich deshalb ändernden Kundenbedürfnisse anpassen kann. Ganz im Sinne von „adapt or die" hat Netflix eine Marke geschaffen, die konsequent vom Kundenbedürfnis ausgeht und in seinen Leistungen mit den sich verändernden Wünschen und Ansprüchen der Kunden permanent mitwächst. Anpassungsfähigkeit ist quasi Teil der Unternehmenskultur geworden.

Fallbeispiel: Netflix – Survival of the Fittest

Das Unternehmen wurde 1997 in Scotts Valley in Kalifornien gegründet. Auslöser war der Ärger von Gründer Reed Hastings über eine Strafe in Höhe von 40 US$ für eine zu spät zurückgegebene DVD. Seine Antwort war die Gründung eines Abomodells für den DVD-Versand gegen eine Fixpauschale. Als Online-Videothek, die DVDs und Blu-Rays per Post an ihre Kunden verschickte, etablierte sich der Dienst damals als unkomplizierte, bequeme Alternative zu herkömmlichen Videotheken (trend.at 2014).

Die voranschreitende Digitalisierung setzte jedoch auch Netflix zunehmend unter Druck. Gleichzeitig weitete sich ab dem Jahr 2001 der illegale Markt der Produktpiraterie auch im Bereich „Filme" zunehmend aus. Die Anzahl der Internetnutzer wuchs stetig. Die „alles umsonst"-Mentalität steigerte das Angebot und die Nachfrage nach illegalen Up- und Download- sowie Streaming-Möglichkeiten im Internet. Gleichzeitig veränderten sich die Sehgewohnheiten der Zuschauer. Konsumenten lösten sich immer mehr vom Zeit-Diktat des Fernsehens, das den Filmstart bspw. um 20:15 Uhr vorschreibt (Martens und Herfert 2013). Vor diesem Hintergrund wandelte sich Netflix von der Online-Videothek zum Streaming-Dienst, der seinen Kunden 24 Stunden, sieben Tage die Woche kontinuierlich und umgehend die Möglichkeit bietet, von zu Hause aus TV-Shows und Filme auf ihrem Computer oder anderen Endgeräten zu sehen. Wo früher Serienfans oftmals auf teure DVD-Boxen warten mussten, werden Zuschauer heute vor allem mit brandneuen Serien-Staffeln gelockt, die bequem, legal und zu einem günstigen Preis online konsumiert werden können. Die Marke profitiert und fördert dabei den Trend zum „binge watching": Anstatt häppchenweise, unterbrochen von Werbung, Woche für Woche zu einem festen Termin eine Serie zu verfolgen, ermöglicht das Streaming nun, sich ganze Serien-Staffeln an einem verregneten Wochenende am Stück anzuschauen. Das ermöglicht ein vollständiges Eintauchen in die Handlungen und Geschichten der Serie.

Netflix stellt sein Angebot kontinuierlich infrage, um seine Wettbewerbsposition im hart umkämpften Streaming-Markt zu halten und auszubauen. In einer Branche, in der ein Geschäftsmodell heute noch progressiv ist, morgen

Abb. 5.8 Netflix Programmauswahl (Foto: Netflix)

aber schon alltäglich und übermorgen tradiert sein kann, beweist Netflix Verlässlichkeit im Leistungsversprechen und Flexibilität in der Umsetzung. Den nächsten großen Schritt machte Netflix 2012. Gemäß dem Motto „Kannibalisiere dich selbst, bevor es jemand anderes tut" setzt Netflix nun verstärkt auch auf die Eigenproduktion von Inhalten in Kinoqualität (s. Abb. 5.8). Die Marke gönnt sich dabei mehr Freiheit, als es viele klassische Serienproduktionen fürs Fernsehen tun. Unabhängig von Quotendruck und Werbeeinnahmen können die Stories provokanter und gewagter sein. Serien wie „House of Cards" oder die Frauengefängnis-Comedy „Orange is the New Black" bedienen die Bedürfnisse der Zuschauer nach innovativen Serienformaten jenseits von Familien- und Krankenhaussoaps. Über die konsequente Gestaltung einer Beziehung auf Augenhöhe mit dem Kunden kann Netflix auf neue Kundenwünsche und Sehgewohnheiten reagieren und diese gleichzeitig mitprägen.

5.3 Ein Blick zurück und was Sie noch zur agilen Markenführung wissen sollten

Der wirtschaftliche und finanzielle Wert starker Marken ist heute unbestritten. Die Marke wird als Wertschöpfungstreiber, Vermögensgegenstand und Wettbewerbsvorteil angesehen und geschätzt. Aber obwohl Marken für Unternehmen eine sehr hohe Bedeutung haben, gilt dies oft nur eingeschränkt für den Bereich der Markenstrategie. Wie bereits mehrfach innerhalb des Buches angemerkt, sind wir überzeugt, dass der Grund für diese Diskrepanz in der mangelnden Weiterentwicklung von Markenführungs-Instrumenten liegt. Etablierte Modelle und Grundsätze zur Markenpositionierung als Grundlage der Markenstrategie basieren größtenteils auf veralteten Annahmen. Unbedingte Konsistenz und Kontinuität waren in den Jahrzehnten, in denen sich Massenfertigung und Massenmedien zu den Grundpfeilern des Wirtschaftens entwickelten, die entscheidenden Erfolgsfaktoren der Markenführung. Heute ist die Realität für Marken eine andere: Ausdifferenzierte Kundenbedürfnisse, eine riesige Angebotsvielfalt, verschärfter Wettbewerb und eine komplexe Medien- und Vertriebslandschaft. Vor diesem Hintergrund muss eine Marke zwar nach wie vor eine starke Orientierungsfunktion übernehmen. Zusätzlich sollte die Markenführung aber auch zum einen die Fähigkeit zur Anpassung von strategischen Elementen besitzen. Zum anderen muss die Markenführung Instrumente bieten, die es Managern und Mitarbeitern leichter machen, Entscheidungen zu treffen, um schnell und im Sinne der Marke auf den dynamischen Märkten von heute agieren und reagieren zu können.

All diese Punkte haben wir mit den Prinzipien der agilen Markenführung adressiert. Abbildung 5.9 zeigt diese noch einmal in der Übersicht. Der Brand-Market Connector ist ein Modell zur Markenpositionierung, das sich inhaltlich auf das

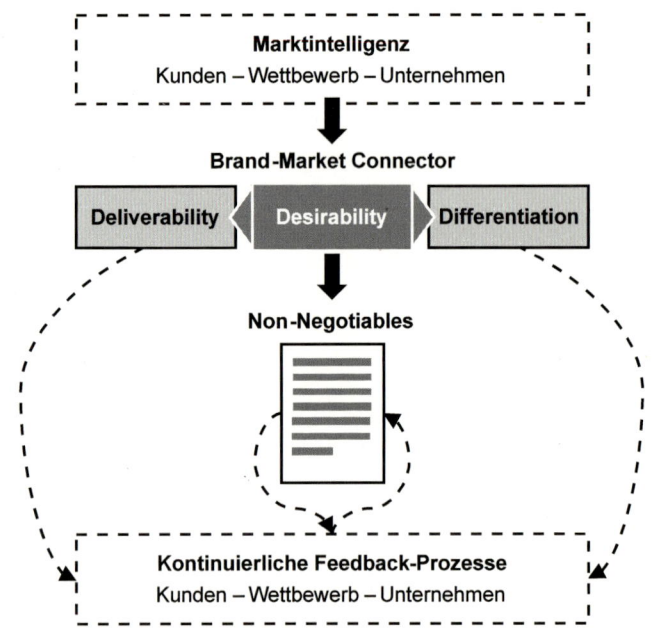

Abb. 5.9 Die Erfolgsfaktoren der agilen Markenführung im Überblick

5.3 Ein Blick zurück und was Sie noch zur agilen Markenführung wissen sollten

Nötigste beschränkt, ohne Relevantes auszusparen. So kann die Marke deutlich und unmissverständlich Orientierung bieten. Die Non-Negotiables operationalisieren die Markenpositionierung und schaffen dadurch Handlungsgrundlagen, die für alle Mitarbeiter Gültigkeit besitzen und ihnen als Entscheidungshilfe dienen. Anpassungsfähigkeit wird durch die Implementierung kontinuierlicher Feedback-Prozesse erreicht. Diese erlauben die zeitnahe Messung des Markenerfolges und sind das Frühwarnsystem der Markenführung.

Mit den vorgestellten Prinzipien und Instrumenten der agilen Markenführung haben wir inhaltlich einen weiten Bogen geschlagen und sowohl strategische als auch operative Themen des Marketings behandelt. Die eine oder andere Frage mag aber sicher offengeblieben sein. Daher haben wir zum Abschluss dieses Kapitels einige Fragen zusammengetragen, auf die der eine oder andere Leser nach der bisherigen Lektüre eine Antwort suchen könnte.

Ist die agile Markenführung branchenübergreifend und unabhängig von der Unternehmensgröße anwendbar?
Auf diese Frage können wir mit einem fast uneingeschränkten „Ja" antworten. Die Herausforderungen für die Markenführung aus Kap. 3 gelten weitestgehend branchenübergreifend. Im B2B-Bereich mögen die Veränderungen bei der Dimension „Kunde" etwas weniger ausgeprägt sein als in B2C-Branchen. Aber von den Entwicklungen in den anderen beiden Dimensionen „Wettbewerb" und „Marketingmittler" sind beide Geschäftstypen gleichermaßen betroffen. Außerdem ist zu beachten: Wenn der eigene Geschäftskunde einer B2B-Marke an den Endkonsumenten verkauft, können die Entwicklungen auf dessen Markt auch stark auf seine Zulieferer und Partner durchschlagen. Was den Weiterentwicklungsbedarf der Markenführungs-Instrumente angeht, können überhaupt keine Unterschiede zwischen Branchen gemacht werden. Hier stehen alle Praktiker vor denselben Problemen: hohe Komplexität, geringe Handlungsorientierung und mangelnde Anpassungsfähigkeit.

Eine Einschränkung müssen wir allerdings hinsichtlich der Unternehmensgröße machen. Die Anwendung sämtlicher Instrumente der agilen Markenführung empfiehlt sich eher für etablierte Unternehmen. Für Neugründungen und Start-ups ist nämlich insbesondere die Formulierung von Non-Negotiables schwierig. Das Geschäft entwickelt sich diesen Fällen noch und es ist oft schwer im Voraus festzulegen, was genau die wichtigsten Handlungsprinzipien sein können. Für Start-ups empfehlen wir, zum Start die eigene Markenpositionierung zu erarbeiten, um Orientierung beim Aufbau des Unternehmens zu haben. Im Laufe der Zeit und mit steigender Erfahrung können dann nach und nach die Non-Negotiables formuliert werden. Für Anpassungsfähigkeit über die Nutzung von Feedback-Prozessen sollten Start-ups auch bereits in der Gründungsphase sorgen. Generell wird es für die Zukunft des Unternehmens nicht schaden, eine solche Kultur frühzeitig aufzubauen. Außerdem können so wichtige Erkenntnisse gewonnen werden, z. B. über den Entwicklungsstand von Konkurrenten, wenn mehrere Akteure an der Verwirklichung einer ähnlichen Geschäftsidee arbeiten.

Wie lässt sich die agile Markenführung auf unterschiedliche Markenarchitekturen anwenden?
Die prototypische Anwendung der Prinzipien agiler Markenführung ist der Fall einer einzelnen Marke, die ein einzelnes Produkt in einem relativ homogenen geografischen Markt anbietet. Unter diesen Voraussetzungen sind die Entwicklung und Nutzung der agilen Markenführungs-Instrumente klar. Ähnlich zugänglich ist der Fall eines Unternehmens, das eine Mehrmarkenstrategie (House of Brands) fährt. Hier können aufgrund der Abgrenzungen für jede Marke einzeln BMC, Non-Negotiables und Feedback-Prozesse entwickelt werden. Anspruchsvoller ist eine Dachmarkenstrategie, unter der verschiedene Produktkategorien oder Sub-Marken geführt werden. In diesem Fall empfehlen wir, einen über alle Segmente einheitlichen BMC zu definieren. Auf der Ebene der Non-Negotiables können dann produkt- oder marktspezifische Individualisierungen vorgenommen werden. Genauso kann man vorgehen, wenn eine Marke stark internationalisiert ist und in vielen unterschiedlichen geografischen Märkten oder Kulturräumen agiert. Die Markenpositionierung sollte auf so vielen Märkten wie möglich einheitlich sein, über die Ausgestaltung der Non-Negotiables kann auf die Eigenheiten der Markt- und Kundenbedürfnisse eingegangen werden.

Wie behandelt die agile Markenführung die Definition und Auswahl von Zielgruppen?
In Abschn. 2.2.1 haben wir als den ersten Schritt zur Entwicklung einer Markenstrategie die Auswahl der Zielgruppe genannt. Das gilt natürlich auch für die agile Markenführung. In den agilen Prinzipien gehen wir allerdings auf dieses Thema explizit nicht ein. Indirekt erfolgt die Auseinandersetzung mit Zielgruppen jedoch bei der Generierung von Marktintelligenz (s. Abschn. 5.2.1.2). Da man sich im Marktintelligenz-Prozess sowohl mit seinen eigenen, bestehenden Kunden, denen der Wettbewerber und auch mit übergeordneten Einflussfaktoren wie soziokulturellen Trends beschäftigt, erhält man einen umfassenden Überblick über die verschiedenen Kundensegmente eines Marktes. Auf dieser Basis lässt sich die individuelle Zielgruppendefinition ableiten.

5.3 Ein Blick zurück und was Sie noch zur agilen Markenführung wissen sollten

Warum tauchen klassische Markierungsaspekte nicht in der agilen Markenführung auf?

Eine Marke muss eindeutig wiedererkennbar und darf in ihrer sensorischen Gestaltung nicht beliebig und wechselhaft sein. Der Markierungsaspekt gehört unzweifelhaft zum Konstrukt „Marke". Nach unserem Verständnis sollten Aspekte wie das Logo, Schrifttypen, Farben, Jingles etc. aber ein Ergebnis sein, das aus der Markenstrategie folgt und nicht selbst einen Teil der Markenstrategie bilden. Ein neues Logo ist kein Marken-Relaunch, wie man leider auch in der Fachpresse allzu häufig liest! Gerade in Hinblick auf diese Gestaltungsaspekte wurden Markenpositionierungen mit Werten und ‚Personalities' überladen. Wir sind davon überzeugt: Ob eine Marke nun dynamisch, sympathisch, authentisch oder rebellisch im Außenauftritt ist, kann und muss aus den drei Dimensionen des Brand-Market Connectors hervorgehen.

Abschließend bleibt uns noch zu sagen: Geben Sie das Kontinuitäts-Mantra bei der Markenführung nicht auf. Sorgen Sie aber zusätzlich dafür, dass alle Marken-Entscheider und Mitarbeiter geistig und organisatorisch agil sind. Agilität bezieht sich aber nicht nur auf das Thema „Anpassungsfähigkeit". Die Non-Negotiables helfen Mitarbeitern, schnell Entscheidungen treffen zu können – mit der Markenpositionierung als übergeordneter ‚Fixstern'. Über die vorgestellten Instrumente der agilen Markenführung ist ein ständiger Bezug zur Markenpositionierung im Unternehmensalltag gegeben, sodass die Markenstrategie und ihre Implikationen schnell in den Köpfen der Marken-Entscheider sind und nicht in der Schreibtischschublade. Auf diese Weise sind das Unternehmen und die Marke für die Anforderungen der Märkte gerüstet – unabhängig davon, wie stark die Veränderungen in jedem individuellen Fall tatsächlich sind bzw. sein werden.

Fazit: agile Markenführung

Das Konzept der Agilität kommt ursprünglich aus der Software-Entwicklung und ist in Unternehmen heute zudem im Bereich „Projektmanagement" populär. Die zentralen agilen Prinzipien sind „Flexibilität", „adaptive Planung" und „schnelle Abstimmung". Unter „Agilität" im Zusammenhang mit der Markenführung verstehen wir eine angemessene, zielgerichtete und schnelle Reaktion auf sich verändernde Marktsituationen. Agilität ist also nicht mit Aktionismus, Nervosität oder Hektik zu verwechseln.

Das Konzept der agilen Markenführung setzt sich aus vier Erfolgsfaktoren zusammen. Eine Befolgung aller Faktoren ist zwar empfehlenswert, es ist aber auch die Anwendung einzelner Aspekte und Methoden möglich und effektiv.

Grundlage der agilen Markenführung ist die Entwicklung von Marktintelligenz. Diese ist weiter gefasst als klassische Markt- und Verbraucherforschung. Neben der Exploration der Kundenbedürfnisse schließt sie eine intensive Wettbewerbsanalyse, die Messung der Leistungserbringung einer Marke und die Identifikation wesentlicher Einflussfaktoren der Marktumwelt ein. Der Prozess der Entwicklung von Marktintelligenz lässt sich in drei Schritte einteilen. Mit dem Aufstellen von Forschungshypothesen wird der Analyseumfang eingegrenzt, um ihn organisatorisch bewältigen zu können. Die Hauptphase ist die Generierung von Insights. Dazu steht eine Vielzahl von Methoden zur Verfügung. Qualitative, explorative Forschungsmethoden, die das „Warum" hinter dem Verhalten von Marktakteuren aufdecken, sind aus unserer Sicht als Grundlage der agilen Markenführung am effektivsten. Abschließender Schritt ist die Verbreitung und Anwendung der Insights im Unternehmen.

Das Komplexitätsproblem der Markenführung wird in der agilen Markenführung über die Einführung eines neuen Modells zur Markenpositionierung – dem Brand-Market Connector – adressiert. Dieser besteht aus den drei Elementen „Desirability" (Kundenorientierung), „Differentiation" (Wettbewerbsorientierung) und „Deliverability" (Unternehmensorientierung) und er übernimmt die nach wie vor unverzichtbare Orientierungsfunktion für Kunden und Mitarbeiter.

Um die Markenstrategie zu operationalisieren nutzt die agile Markenführung das Konzept der „Non-Negotiables". Diese sind die Übersetzung der Markenpositionierung in wenige, unternehmens- und hierarchieübergreifend gültige Prinzipien, die als Entscheidungshilfe für Manager und Mitarbeiter in Auswahlsituationen dienen. Sie geben Unternehmens-Entscheidern, gleich welcher Abteilung oder Hierarchieebene, konkrete Referenzpunkte an die Hand, um bei schwierigen Entscheidungen im Sinne der Markenstrategie zu handeln.

Der vierte Erfolgsfaktor besteht darin, eine Marke anpassungsfähig zu machen. Dies wird über die Implementierung von kontinuierlichen Feedback-Prozessen erreicht, die darauf ausgerichtet sind, den Erfolg der Marke auf allen drei Dimensionen des BMC zu messen. Die wichtigsten Quellen für Marktfeedback sind Kunden und Mitarbeiter mit unmittelbarem Kundenkontakt. Die erste Ebene bei Anpassungsbedarf in der Markenführung ist der Marketing-Mix. Bedarf das Markenerlebnis einer grundlegenderen Änderung, kann das durch die Überarbeitung der Non-Negotiables geschehen. Die Markenpositionierung selbst sollte nur in Krisensituationen oder bei sehr tiefgreifenden Marktveränderungen angepasst werden.

Literatur

Agile Manifesto. (2001). Manifest für Agile Softwareentwicklung. http://www.agilemanifesto.org/iso/de/. Zugegriffen: 18. Sept. 2015.

Baumann, S. (2011). Consumer Insights – Der Stoff, aus dem die Träume sind. In A. Baetzgen (Hrsg.), *Brand planning* (S. 27–45). Stuttgart: Schäffer-Poeschel.

Belz, C. (2006). *Spannung Marke – Markenführung für komplexe Unternehmen*. Wiesbaden: Gabler Verlag.

Brandes, U., Gemmer, P., Koschek, H., & Schültken, L. (2014). *Management Y*. Frankfurt a. M.: Campus.

Bruce, A., & Glubokovskaya, V. (2008). We don't have sex in the Soviet Union. *Absatzwirtschaft, 1*, 26–29.

Creative Advantage. (2014). Markenpositionierung – Bedeutung für den Erfolg einer Marke in dynamischen Märkten. http://creative-advantage.de/publikation/markenpositionierung-bedeutung-fuer-den-erfolg-einer-marke-in-dynamischen-maerkten. Zugegriffen: 17. Sept. 2015.

Dänzler, S. (2014). Agile Branding – Wie das digitale Werbegut die Kommunikation verändert. In S. Dänzler & T. Heun (Hrsg.), *Marke und digitale Medien* (S. 17–32). Wiesbaden: Springer Fachmedien.

Dawar, N. (2013). *Tilt – shifting your strategy from products to customers*. Boston: Harvard Business Review Press.

Die Welt. (2015). Chinesen kopieren die Motel-One-Methode. http://www.welt.de/wirtschaft/article147006377/Chinesen-kopieren-die-Motel-One-Methode.html. Zugegriffen: 30. Sept. 2015.

Die Zeit. (2015). Schwein gehabt. http://www.zeit.de/2015/19/ruegenwalder-muehle-vegetarische-wurst. Zugegriffen: 24. Sept. 2015.

Edelman, D., & Heller, J. (2015). The marketer strikes back. http://www.ana.net/getfile/22904. Zugegriffen: 30. Okt. 2015.

Freeling, A. (2011). *Agile marketing – how to innovate faster, cheaper and with lower risk*. Goldingtons Press. (ohne Ort).

GoPro. (2015). GoPro channel. https://de.gopro.com/channel/. Zugegriffen: 30. Okt. 2015.

Gordon, W. (1999). Goodthinking – a guide to qualitative research. Henley-on-Thames: Admap Publications.

Harvard Business School. (2013). HBS cases: Lego. http://hbswk.hbs.edu/item/7170.html. Zugegriffen: 05. Sept. 2015.

Homburg, C., & Vomberg, A. (2015). Machtverlust der Marketingabteilung – Bedrohung für den Unternehmenserfolg? http://imu2.bwl.uni-mannheim.de/fileadmin/files/imu/files/ap/ri/RI_031.pdf. Zugegriffen: 30. Okt. 2015.

Huffington Post. (2014). Food ist das neue Fashion – was Ernährungstrends mit unserer Zukunft zu tun haben. http://www.huffingtonpost.de/robert-franken/food-ist-das-neue-fashion---was-ernaehrungs-trends-mit-unserer-zukunft-zu-tun-haben_b_6081096.html. Zugegriffen: 24. Sept. 2015.

Jausen, M. (2014). Markenbildung im digitalen Zeitalter: Alles neu, nicht anders? In S. Dänzler & T. Heun (Hrsg.), *Marke und digitale Medien* (S. 187–206). Wiesbaden: Springer Fachmedien.

Jowitt, H., & Lury, G. (2012). Is it time to reposition positioning?. *Journal of Brand Management, 20*(2), 96–103.

Keller, K. L. (2013). *Strategic brand management – building, measuring and managing brand equity* (4. Aufl.). Harlow: Pearson.
Kozinets, R. (2010). *Netnography – doing ethnographic research online*. London: Sage Publications.
Lafley, A. G., & Martin, R. L. (2013). *Playing to win – how strategy really works*. Boston: Harvard Business Review Press.
Lego. (2014). The lego ambassador network. https://lan.lego.com/static/build/docs/LEGO_Ambassador_Network.pdf. Zugegriffen: 09. Nov. 2015.
Lego. (2015). Lego ambassador network. https://lan.lego.com/. Zugegriffen: 12. Nov. 2015.
Manager Magazin. (2013). Vom Pflegefall zum Blue Chip. http://www.manager-magazin.de/unternehmen/handel/a-879391.html. Zugegriffen: 01. Okt. 2015.
Martens, D., & Herfert, J. (2013). Der Markt für Video-on-Demand in Deutschland. *Media Perspektiven, 2,* 101–114.
Morris, L., Ma, M., & Wu, P. C. (2014). *Agile innovation*. Hoboken: John Wiley & Sons.
Oettinger. (2015). Unternehmensphilosophie – Zu Ihrem Vorteil. https://www.oettinger-bier.de/unternehmen/philosophie. Zugegriffen: 30. Sept. 2015.
Porter, M. (1998). *On competition*. Boston: Harvard Business Review Press.
Reichheld, F. (2003). The one number you need to grow. https://hbr.org/2003/12/the-one-number-you-need-to-grow. Zugegriffen: 01. Okt. 2015.
Reuters. (2013). Nivea glänzt wieder – Strategie von Beiersdorf greift. http://de.reuters.com/article/companiesNews/idDEBEE9A403K20131105?pageNumber=1&virtualBrandChannel=0. Zugegriffen: 01. Okt. 2015.
Rügenwalder. (2015). Unsere vegetarischen Produkte. https://www.youtube.com/watch?v=GEUDZwb6gcY. Zugegriffen: 30. Okt. 2015.
Seidel, É. (2014). Die Zukunft der Markenidentität – Zur Kritik des Markenidentitätsmodells im digitalen Zeitalter. In S. Dänzler & T. Heun (Hrsg.), *Marke und digitale Medien* (S. 363–378). Wiesbaden: Springer Fachmedien.
Spiegel. (2015). Rügenwalder Mühle: „Die Wurst ist die Zigarette der Zukunft". http://www.spiegel.de/wirtschaft/ruegenwalder-muehle-verkauft-vegetarische-wurst-a-1023898.html. Zugegriffen: 24. Sept. 2015.
Süddeutsche Zeitung. (2014). Oettingers Zukunft ist gesichert. http://www.sueddeutsche.de/bayern/nach-dem-tod-von-dirk-kollmar-oettingers-zukunft-ist-gesichert-1.1952483. Zugegriffen: 30. Sept. 2015.
trend.at. (2014). Netflix-Gründer Reed Hastings, der König des Online Fernsehens. http://www.trend.at/articles/1436/581/377747/netflix-gruender-reed-hastings-koenig-online-fernsehens. Zugegriffen: 23. Sept. 2015.
Wernerfelt, B. (1984). A resource-based view of the firm. *Strategic Management Journal, 5*(2), 171–180.
Wired. (2013). Building success: How thinking ‚inside the brick' saved Lego. http://www.wired.co.uk/magazine/archive/2013/10/features/building-success. Zugegriffen: 05. Sept. 2015.
Zook, C., & Allen, J. (2012). *Repeatability – build enduring businesses for a world of constant change*. Boston: Harvard Business Review Press.

Sachverzeichnis

A
Agile Markenführung, 1, 7, 59, 65, 84, 116
Agilität, 3, 59, 61, 66, 85, 106, 119
Anpassungsfähigkeit, 58, 102, 106
Apple, 6
A-ROSA Flusskreuzfahrten, 98

B
Bedürfnisse, 8, 22, 50, 67, 74, 106
BMW, 90, 108, 113
Brand Equity, 6, 17, 49, 66, 73
Brand Key, 13, 52
Brand-Market Connector, 86, 90, 92, 116
Burberry, 41

C
Co-Creation, 27
Content Marketing, 40
Crowdsourcing, 27

D
Daten, 28, 63, 71, 107
Deliverability, 86, 89
Desirability, 86, 88
Differentiation, 86, 88
Digitalisierung, 21, 35, 57, 80
Disruption, 34

E
Einzelinterviews, 76
Ethnographie, 81
Etsy, 37

F
Forschungshypothesen, 69

G
Google, 63
GoPro, 91
Gruppendiskussionen, 76

H
Handelsmarken, 32
Handlungsorientierung, 54, 58, 65
Hans im Glück, 74
Homo Oeconomicus, 21
Hybrider Kunde, 22
Hyundai, 26

I
Ich-Kampagne, 29, 39, 92
Insights, 11, 68, 71, 74, 80
Interaktive Workshops, 78
Involvement von
    Unternehmensentscheidern, 83

K
Kaufentscheidungsprozess, 24, 25, 43
Kodak, 35
Kommunikationshoheit, 25
Komplexitätsreduktion, 57, 86
Konsistenter Kunde, 22
Kontinuierliche Feedback-Prozesse, 106, 108, 112, 117
Kundenbindung, 30
Kundenorientierung, 66, 87
Kundenverhalten, 6, 22, 25, 49, 71

L
Lego, 110
Leistungsversprechen, 53, 89
Lenovo, 31

M
Markenarchitektur, 118
Markenführung, 7
Markenidentität, 13
Markenkommunikation, 16, 39, 57, 119
Marken-Modell, 15, 50, 51, 56, 58, 94
Markenpositionierung, 12, 85, 95, 113, 116
Markenstrategie, 8, 12, 17, 59, 65, 78, 86, 95, 106, 112
Markenwert, 5
Market-Based-View, 86
Marketing-Mix, 16, 39, 51, 66, 95, 106, 112
Marktintelligenz, 67, 69, 86, 107
Marktsegmentierung, 8
Motel One, 96
Multioptionalität 2.0, 23
mytaxi, 35

N
Netflix, 3, 114
Netnographie, 81
Net Promoter Score, 109
Nischenstrategie, 9
Nivea, 102

Non-Negotiables, 94, 100, 112, 117
Normcore, 29

O
Oettinger, 98
Olam, 100
Omni-Channeling, 41
Operationalisierung der Markenstrategie, 101
Orientierungsfunktion von Marken, 5, 15, 50, 85, 101, 116

P
Partizipativ-beobachtende Verfahren, 78
Preispolitik, 16, 32, 42, 55, 64
Preistransparenz, 42
Produktpolitik, 16, 24, 27, 55, 89
Prosumenten, 37

Q
Qualität, 5, 25, 74
Qualitative Marktforschung, 71, 74

R
Red Bull, 40
Resource-Based-View, 86
Return on Marketing Investment, 17
REWE, 32
Rügenwalder Mühle, 50, 104

S
Share Economy, 37
Smart Shopper, 22
Social Commerce, 37
Soziale Medien, 25, 80
Spannungsfeld zwischen Kontinuität und Dynamik, 1, 50
Spreadshirt, 37
Statussymbol, 29

Sachverzeichnis

T
True Fruits, 99

U
Unilever, 10
Unique Selling Proposition, 12
Unternehmensstrategie, 17, 51, 56, 64, 94

V
Value-for-Money Marken, 33, 72
Vernetzte Märkte, 43, 49

Vertikalisierung, 42
Vertrieb, 16, 37, 41, 96, 109
Vier P, 16

W
Wettbewerbsperspektive, 53, 86, 89

Z
Zielgruppe, 8, 16, 40, 77, 88, 118
  Bedürfnisse, 9

EBS Business School

Inspiring Personalities.

Erfolgreich studieren und das neben dem Beruf

Starten Sie Ihre Karriere mit dem EBS Bachelor of Science in General Management – Part-time

Entscheiden Sie sich für ein BWL Studium an der EBS und verbinden Sie die Eigenschaften eines qualitativ hochwertigen Universitätsstudiums mit den speziellen Anforderungen eines Teilzeitstudiums in Bezug auf Studienstruktur, Lernformate, Flexibilität und Service.

Profitieren Sie von
- exzellenter und praxisnaher Lehre
- unseren umfangreichen Kontakten in die Wirtschaft
- einem optionalen Auslandsaufenthalt an renommierten Partneruniversitäten
- einem flexiblen Programm, ausgerichtet auf Ihre Bedürfnisse
- einer intensiven Betreuung, Coaching und Career Service
- kleinen Lerngruppen und gemütlicher Campus-Atmosphäre
- umfangreichen Lehrmaterial aus der Online-Bibliothek des Springer Verlages

In Kooperation mit Springer

Infos und Anmeldung: springer-campus.de

EFMD EQUIS ACCREDITED
FIBAA
WR | WISSENSCHAFTSRAT

EBS Universität für Wirtschaft und Recht • Wiesbaden/Rheingau • www.ebs.edu

Printed by Printforce, the Netherlands